めんどうな心が楽になる

五人の禅僧が説く生き方のコツ

満願寺　永井宗直

東学寺　笠　龍桂

東光禅寺　小澤大吾

林香寺　川野泰周

能満寺　松本隆行

聞き手　大竹　稽

牧野出版

まえがき

なんか皆さん最近ぼやくこと、多くありませんか。

世の中は自分の思いどおりには運ばない、なんてことは、ちゃんと理解していますよね。でも、気がつけばついついつまらぬことに怒り、ストレスに過剰に反応しては迷い、自分を見失ってしまいます。今おかれた自分の立場や現実から目をそらし、ゆがめた自分、背伸びばかりして疲れてしまっている自分をなんとかしたいと思っていませんか。

そこで、そんな自分のめんどうな心をどうにか楽にすることはできないか。そのような疑問に答えるべく、日頃は穏やかに涼しげな顔している五人の禅僧、和尚さん達に相談して和尚の生の声を聴いてみようというのが本書であります。

皆さんの素朴な悩み、不安や疑問を代表で質問してくれるのは現在、作家活動をされている教育者の大竹稽さんです。大竹さんは道徳者、哲学者としても幅広く活動され、私たち禅の世界に対してもとても関心が高く、東大医学部中退という異色の経歴をもつ彼は知的理解ではないほんとうの行動的理解というのを求めています。いわば、体感する仏教、生活の仏教、その中での禅に興味をもたれているようです。

質問にこたえてゆくのは我等、臨済宗建長寺派の個性的な五人の禅僧であります。はたして「めんどうな心が楽になる」秘訣はうまく聞き出せるのでしょうか。

本書は紙面上の仏教や机上の仏教学を単に学ぶのではなく、生の和尚の声、本音を聴こうというものです。

和尚さんといえばどんなことでも我慢できる穏やかでスゴイ人というイメージがあるでしょうが、実は読んでいくうちに、お坊さんもみんなひとりの弱い人間であったという実像も見えてきます。生身の和尚さん達はなにを考え、あの厳しい禅の道を歩んできたのでしょうか。

五人の和尚さん達のお話はどれも本音満載です。真っ向正直、歯に衣着せぬ、嘘のない人間味あふれるトークに「めんどうな心を楽にする」ヒントがおおいに隠されているように思います。

そしてお話してくれた和尚さん達の答えに共通するものも見えてきました。それはやはり禅の厳しい修行道場での経験と実践があってのことだということです。

自分の人生の根幹を動かすだけのシステムが禅の修行にあるのだという点も興味深いものです。

嫉妬、怒り、迷い、ストレス、恨み、といういわば「めんどうな心」から本当に楽になる生き方はあるのか。坐禅や修行をすると、すべてが解決できるのでしょうか。

近年、禅は脚光をあび、マインドフルネス・ストレス低減法として世界に広く紹介されてきました。その関心は高く、正直驚くほど一般の皆さんは禅のお勉強をされています。

一方我々は古来より踏襲する道場での生活を重視し、黙々と坐禅し、掃除に作務《さむ》（労働）の日々に「馬鹿になれ、馬鹿になれ、頭でわかってもなんにも役にたたない」と叱咤激励されました。苦しくもなぜかあの道場での厳しい生活は、不思議に気持ちよい日々であったと記憶しています。

坐禅をしたあとの感想を、よく「風呂上がりのようだ」、とみんな言います。道場の生活をしたことのある方ならわかると思います。禅は心の特効薬でもないし、悩みや不安を取り除くものでもないのです。ただ悩んでいる自分を問題とせず、日々の生活をしているだけのことだったのです。その人がその人で納まっていればいい、ただそれだけだったのです。

「気に入らぬ風もあろうに柳かな」（仙厓《せんがい》義梵《ぎぼん》）なんて、悲しくも風流だと笑えるように、生きていけるとなぜか心も軽くなってきますね。

満願寺住職　永井宗直

めんどうな心が楽になる

——五人の禅僧が説く生き方のコツ

目次

めんどうな心が楽になる――五人の禅僧が説く生き方のコツ　目次

嫉妬

めんどうな心が楽になる

――五人の禅僧が説く生き方のコツ

装丁　神長文夫＋坂入由美子

嫉妬

神奈川県横須賀市・満願寺住職
永井宗直和尚

情熱的な恋をした若かりし頃

大竹　嫉妬の感情はどの時代にでも、どの国においても、僕たちを悩ましてきました。たとえば、ハラスメントの多くは嫉妬が原因になっているようです。そして、嫉妬と言われてまず思い出すのは、男女のものです。嫉妬が引き金になったおぞましい事件などは、ニュースにもなりますし、ドラマの格好の題材にもなります。ただ、社会で問題にされるものの多くは男の嫉妬によるもののようです。さて、永井和尚ご自身ですが、若い頃、どのようなことに嫉妬されましたか。

永井和尚　若かりし頃どころか、嫉妬なんて今でもありますよ。それはだって、よそのお寺が立派だったり、他の和尚さんの本が売れたりすれば、気になるしね。でも若いころといえば、やっぱり恋愛でしょうね。

大竹　嫉妬ってものを最初に覚えたのは、いくつぐらいですか。

永井和尚　大学へ入ってからでしょうかね。

大竹　花園大学在学中のころですね。

永井和尚　でも遅かったよね、私。純粋な一、二年生だったころはあまりなかったけれど、三年のときに好きな人ができてさ。そこで嫉妬ってものを知りましたよ。同じアルバイトをしていたんですね、私と彼女。そこにはバイト仲間の男子もいてさ。彼らと男同士としてしゃべっているときは仲がいいんだけど、その女の子に仲間の男子が話しかけた瞬間、気になってしかたない。

大竹　どうしてでしょう。

永井和尚　自己を見失っているんだよね。彼女たちはまったく普通の、仕事とかの会話で笑っているだけなのに、けしからんという気持ちになっちゃうのね。自分がいるのになんで笑うんだとか。それで不機嫌になっちゃったりして。とてもわかりやすい性格だったと思います。

大竹　独占欲とか支配欲に駆り立てられているような……。

永井和尚　独占欲や妄想がひどかった。彼女が私の前に付き合っていた彼氏が京都郊外にいる。そんな理由でその地域に行かないなんて決めちゃったりしてさ。男はダメです。

大竹　似たようなこと、僕にもあります。

永井和尚　わかるでしょう。乗っている新幹線がその辺を通過する、それだけで気持ちが暗くなっていた。今思えば、青かった日々ですね。

大竹　どのようなデートをされていたんですか。共通の趣味とかはありましたか。

永井和尚　二人ともオートバイが趣味でした。私はそのころからモトクロスをやっていたので、一緒にレースを見に行ったり、練習に付き合ってくれたりしましたね。彼女は敬虔なクリスチャンで、不思議なご縁でした。

大竹　何年くらいのお付き合いでしたか。

永井和尚　僧堂に入る二年くらい前から付き合い始めて、それで道場に入って、一年くらいは続いていたかな。だから三年くらいでしょう。ここは小さなお寺だけど、育ったお寺は満昌寺という大きなお寺でした。そこに泊まりにも来てくれていました。ご両親もクリスチャンで、禅僧になるっていう私のことをよく理解して下さっていました。そんな恋愛をしている最中に僧堂に入りました。

若かりし和尚の恋愛話。ふられた……

大竹　和尚のご著書『禅の坊さんもぼやく。そして学ぶ。』にも書かれていますね。

永井和尚　僧堂へ入って最初の一年目は、愛欲なんてものは消えます。ウソじゃない。修行はあまりに大変で厳しい。あれせえ、これせえ、作務を覚えろ、お経を覚えろって、一日中追われに追われちゃって。作務というのは、掃除や炊事などの労務のことです。そんな中で、恋愛感情も遠のいていました。でも、一年くらい道場にいると、休みが一日もらえるようになる。それが朝九時から午後三時半くらいまで。みんなサウナに行ったり、映画を観に行ったりしていました。その日は道場でご飯が出ないので、門前でご飯をお腹いっぱい食べて僧堂に帰ります。京都はそういうのに慣れているから、雲水が来ると先に食べさせてくれたり、注文しなくてもご飯が大盛りで出てきたりしました。

大竹　そんな休みを利用して彼女と会われていた。

永井和尚　若いなりにうまく利用していた。二ヶ月か三ヶ月に一回くらい会えるようになってきたのはいいけれど、彼女も社会人になって環境が変わってきた。でも、こちらは相変わらず愚痴ばっかり。そりゃ、向こうにしたって聞いて欲しいことがたくさんあるはずなのに、久しぶりに会っても私が自分のことばかりしゃべる。疲れるよね、間違いなく。それで、だんだん、おかしくなっていきました。

大竹　ズレが生じてきたんですね。

永井和尚　別れの時が来ました。なんやかんやで会えずにいたことが数ヶ月続いて。僧堂に入って一年後くらいかな。今みたいにメールなんてのもないからね。嵐山の渡月橋の角の電話ボックスから、彼女のご両親に電話をしました。そうしたら、「永井君、知らないの。娘はバイクで事故って、足の骨を折って入院しているんだよ」って言われた。その日は病院に行く時間もないから、その一ヶ月後の休みに、ようやく彼女に会いに病院に行ったわけですよ。するともうよそよそしい雰囲気でね。こっちはこっちで、なんで言ってくれなかったんだって、不満をぶちまけたい。でも、僧堂に帰る時間が来てしまった。じゃあ帰るよ、と言ったら、もう来ないで欲しいと。

大竹　別れを告げられた。

永井和尚　もう、頭の中は真っ白になっちゃってさ。その時は死んじゃおうか、と思ったくらい。いや、思ったというより、ほんとうに死んじゃいそうだった。車がびゅんびゅん走っている堀川通りで、ふらっと足を踏み出しそうな感じでしたね。これまた『ぼやく』にも書いたけど、その時、偶然、先輩が声をかけてきた。ぽん、と肩をたたいて「何をしているの」って。ショックでまったくうつろな状態だったから、その人がいなかったら、きっと天龍寺へ帰れなかったでしょうね。何も聞かないで、いっしょにご飯を食べて道場へ引っ張って行ってくれました。それからもう、私には坐禅しかなくなった。

大竹　彼女との別れがきっかけになった。

永井和尚　そうだね。情けない理由だけど、坐禅することが初めてありがたいと思った。余計な考え事などできないし、警策で打たれることで全てが忘れられた。ひたすら坐りました。

坐禅の効力

永井和尚　坐禅の道場がいいのは〈すき間〉がないこと。心というのは、すき間があると悪いものが入ってくる。道場はすき間なしのスケジュールなので、悪いものが入ってくるヒマがない。あれせえ、これせえで、なにも言わなくても流れていく。それでも、つらい気持ちが蘇ってくることもある。そんなときは、合掌して先輩に警策で叩いてもらう。それはもう、本気で、思いっ切り、叩いてくるからね。痛ければ痛いほど、苦しければ苦しいほどいい、そうでないと忘れられない。

車のブレーキだって、オイルの中に空気が入るとエア抜きしないといけない。心のすき間というのは、まさにエアが入ってしまった状態かな。そこに悪いもの、嫌なものが入ってくる。ねたみそねみ、嫉妬などの煩悩が差し込まれてくるわけだよね。

大竹　日中はなんとかなっても、夜になるとふられた恋人の顔が思い出されて、とてもつらくて眠れなかったなんて話を聞いたことがあります

永井和尚　そりゃ私も同じですよ。夜の九時からは自主的な坐禅になるから、それはつらかったですね。ぼろぼろ泣きながら坐っていました。京都タワーの方角に彼女が住んでいた。このタワーがまたありがたいことに、夜になるとずいぶんきれいに天龍寺から見えるんだよね。で、見えるとまたつらい。当時、私は新到頭という立場だったか

ら夜の十一時には帰って寝られたんだけど、坐禅を続けたかったので同期たちに先に帰ってくれとお願いする。そうすると、どうしたのおまえ、なんて感じでね。そういう日々を何日も過ごしていた。失恋なんて理由はくだらないかもしれないけど、私はそれで真剣になった。もう坐禅しかないと思ったんです。

すき間に魔が差す

大竹　失うものがあったからこそ、坐禅に本気になれた。

永井和尚　禅はまず疑問をもつことが始まり。大疑団といって、大きな疑いの団子。内なる問いに自分自身が包まれるという感じでしょうか。そんな大疑団は私の場合は失恋でした。

大竹　なにか抽象的で観念的なものではなく、僕たちを本気にさせるものって身近なものですよね。むしろ、高尚なつらさっていわれても、ピンときません。

永井和尚　そうそう。そして、つらいことを乗り切るには、己に厳しくなければならない。

托鉢に出たって肚から声を出せといわれるし、掃除だって大変だし、でもそれで忘れられる。もし僧堂にいなかったら、私なんかどうしようもなかっただろうな、と思いますね。そして、厳しさというのは救いだなと思いました。

大竹　嫉妬はすき間を狙ってくる。

永井和尚　そう、すき間にいつのまにか入り込んでいる。嫉妬は愛着から生まれます。誰かを好きになる、ただそれだけならいいのですが、やはり愛着ってものが出てきてしまう。愛欲とか、渇愛とかね。これは仏教では、最もやっかいなものの一つです。だから〈魔〉といえる。愛染明王という仏は、愛欲から発生する苦しみを抜いてくださるという。明王というのはいろんな種類がおりますけど、だいたい怖い顔をしている。その中でも愛のつくのは愛染明王しかおりません。きっと、愛欲というのは私たちが一番、難儀をするものなんじゃないですかね。人を愛するということは、人を失うことよりも苦しいのかもしれません。そして、愛欲がある以上、執着心も生まれてしまい、当然、嫉妬も出てくるわけです。そして、愛着にはいろいろくっついてきます。独占欲とか、支配欲とか。相手を自分の色に染めたくなる。相手のことを全部、知っていたい。愛着という魔物は、嫉妬やら独占欲やらをどんどん生んでいきます。すると、心の垢がどんどん、どんどん溜まっていって、最終的には心のガンになってしまう。

僧堂では、そんなすき間がないように厳しく生活しています。ご飯の時だって常に姿勢良く食べないといけないし、お茶を飲んでいたって先輩の様子を常に見ていて、おかわりはどうでしょうか、と聞かなくてはならない。でも、この厳しさがゆるむと魔がさっと入り込んでくる。

大竹　僧堂では厳しい修行によってすき間がなくなる。では、僕たちの生活ではどうでしょう。

永井和尚　きちっとした生活ができていることでしょうね。そして、物を持ち過ぎない。ほんとうは一切持たないほうがいいのだけれど、相応なものだけそろえておくこと。そして、一日のどこかで、きれいなものを見るようにする。やっぱり自然はいいですよ。私たちは自然に触れることで感情が穏やかになってくる。世界遺産の天龍寺の曹源池で坐禅をしてみてください。満月の夜なんて、ほんとうに本が読めるくらいの月明かりです。池には月が映えて、新鮮な空気で、広い縁側で……そういう環境はやっぱりいい。

大竹　崇高なものに触れると心が安らぐのでしょうか。

永井和尚　そう、もしこれが河原町のような繁華街だったらどうなることやら。

大竹　なんかドキドキするし、気が散るし、落ち着かない。

永井和尚　きれいな女性が通り過ぎれば、思わず目線が奪われるでしょう。でもすぐにまた次のきれいな女性が現れて、あっちがいい、こっちがいい、と迷ってばかり。

自分を信用できないからこそ……

大竹　和尚が僧堂にいらっしゃるときに、彼女の移り気といいますか、いろんな男の人と仲良くしているんじゃないかとか、そんな不安が芽生えたことはありますか。

永井和尚　相手を信じ切れなくなるよね。

大竹　そうなんです。

永井和尚　でも、それも僧堂にいたからセーフでしたね。

大竹　今だったら大変じゃないですか。すぐに連絡がとれるような手段がたくさんありますし。情報が入って来ないというのも、また良かったのでしょうか。

永井和尚　たしかにそうですね。こちらにあった手段としては、手紙を書くか、抜け出して電話をするか。でも、抜け出すのはかなりのリスクがあるからね。一回、抜け出したのが見つかって先輩雲水にすごく怒られたことがありました。

大竹　相手を信じられない、ということですが、愛する相手を独占したいとか、四六時中いっしょにいたいとか、そういう欲望と関係していますよね。それができないから、相手を信じられない。

永井和尚　というより、自分を信じることができない。相手がちゃんとしているのは、じつは理屈でもわかっている。でも、相手を信用できない。だって、さっきのバイトでのことだって、彼女たちはふつうのことを話しているだけなのに、しゃべっているだけで腹が立ってくるんだから。

大竹　自分自身への信頼がないということですね。

永井和尚　自分の問題であることに気づかなくなってしまっている。

大竹　自己を見失っている。

永井和尚　それが、愛欲という魔。愛染明王が懲らしめてくれる魔ですよ。

大竹　彼女との一件以前で、これほど強い嫉妬を抱いたことはありましたか。

永井和尚　なかったかな。それまでは、なんていいますか、ほんとうに純粋で、高校も男子校だったからね。魚釣りしたりオートバイに乗ったり、そればっかりでしたよ。でも大学三年で彼女ができちゃって、もう、正気を失ってしまったわけです。

ものをもたない

永井和尚　本気で好きになる。そうすると、人は自分のものにしたいと思い、自分の分身のように思い込んでしまう。だから、愛憎という。愛と憎しみは同じものですね。愛するゆえに憎んでしまう。

大竹　相手を自分のものにしたいという気持ちが問題のようですね。

永井和尚　ものがない場所では、気持ちが集中できます。坐禅もそうです。坐禅をして心を整理していくということは、心の中から占めていたものを捨てていくということです。

大竹　恋愛でも同じでしょうか。相手が自分のものだと思ってしまうと、自分の思う通りに相手を操ろうとしてしまう。たとえば、相手の服装、交際関係、しぐさにまで口をだすようになってしまいます。

永井和尚　その通りですね。あとは、相手をものとして計ると、自分がこんなに愛しているのに、なぜわからないんだ、なんて思ってしまう。

大竹　自分がこれほど愛しているのに、それに見合う愛が返ってこない。

永井和尚　これが、自分を見失っている証拠になります。愛欲は怖い。もらうことばかり考えてしまう。そんな人間は、終始、自分の世界だけに生きている。私も言われましたよ、「なにを怒っているの。私なにかした?」なんてね。なんせ、勝手な妄想で不機嫌になっている、そんな自分にも気づいてないから、厄介ですね。

大竹　与えたら必ずもらわないと気が済まない、という心ですね。もらえるのならもらえるだけ、しかも人よりちょっとでも多くもらわないと、なんか損した気分になってしまう。

永井和尚　天龍寺を建てた夢窓国師が「山水に得失なし、得失は人の心にあり」と言っています。自然には失うものなんてなにひとつない。私たち人間だけが、損得を考えてしまう。禅というのは吐き出し、捨てる場だと思います。坐禅をすることで自分を吐き出していく。多くの人は、呼吸を吸うことからしか考えられない。いい空気を吸うとか、たくさん吸い込むとか。禅はそうじゃない。吐くことですよ、まず。現代人は得ることしか考えない。吐かなきゃ吸えない。なにはともあれ、吐き切ること、手放すことが、実は大事です。僧堂ではそれを身につけていく。

大竹　なによりもまず、吐き出すこと。

永井和尚　手放すことで残ったものが見えてくるという感覚でしょうかね。また、ものがないという環境は、工夫も育てるよね。そうすることで気持ちも変化していきます。

大竹　僧堂での修行を経て、和尚は嫉妬というものから完全に解放されましたか。

永井和尚　僧堂にいるときはほんとうになかったですね。ただ、出たらまたもとどおりになっちゃう。

大竹　愛欲ももとどおりになってしまい、嫉妬ももとどおりになってしまう。ここはおもしろい。

永井和尚　ただ少しは減ったかもね。

大竹　そういえば、最初に、嫉妬なんていまでもありますよ、って仰っていましたね。

嫉妬はなくならない

永井和尚　ハハハ。自分の本の売れ行きとか、お寺の経営とかね。もっとこうすればいいのにとか思うよね。やはり、嫉妬だろうな。あんなに有名なんだから、あんなに大きいお寺なんだから、もし私にお金があればこんなことができる、なんてね。やっぱり嫉妬なんだよ。でもね、私はものごとを大きく見ようと心がけてはいる。自分の損得の心に振り回されず、ものごとを広く、大きく見られるようにならないとね。

大竹　修行を積まれた和尚でも、減ったとはいえやはり出てしまうという嫉妬、僕たちはどうすればいいのでしょう。

永井和尚　そのままにしておけばいいんだよ。

大竹　そのまま、ですか。

永井和尚　嫉妬を消そうとすると疲れちゃうでしょう。自分の心を紛らわせないようにして、そのままの感情でいる。そのままとは、自分を客観視できること。ああ、いま自分怒っているな、とかね。自分の愚かさや情けなさがほとほとわかってくるから、肚が据わってくるよね。

バイクも同じ。アクセルを開けて無理に乗り越えようとすると、よけいバイクはバランスを崩しちゃう。段差があってもアクセルで乗り越えようとするのではなく、じわぁっとクラッチをつないでアクセルを開けていけば、バイクが自ずと段差を乗り越える。そんなふうに、自分の感情をそのまま受け入れればいい。

大竹　無理をしない。

永井和尚　素直になればいい。悔しかったら悔しい、気にくわないなら気にくわない、それでいいじゃない。「チクショウ」と思えばいいじゃない。

大竹　嫉妬してしまっていることを、まずは受け入れる。

永井和尚　そうそう、そうなれば平気です。あとはそれを手放せばいい。吐き出してしまえばいい。財布を落としてもいっしょだよね。大事な生活費なのに、なんでだれも届けてくれないんだ、って腹も立つだろうけど、落としたのは自分の不注意だ。でもそれで、拾った人が喜べばいいじゃないか、くらいにね。いつまでも悔しがったりせずに、手放し与える側に回ればいい。すると現実が見えてきますよ。「しかたない」って思えるようになります。

大竹　やはり、手放すとか、捨てるとかいうのがカギになりそうですね。

嫉妬の特効薬は与えること

永井和尚　これはもう、仏教的な癖でしょうね。六波羅蜜の一番に布施がある。これはやっぱり特効薬ですよ。そして、嫉妬の特効薬は与えることだね。ものを買い集めても、あれもこれも欲しくて、欲しくてたまらない、そんな欲求不満な人の特効薬は施しをすること。思い切って与えること。そして、良いことも悪いことも手放すこと。これも一つの布施行だと思います。ただ、大事なのは、あまり考え過ぎないことです。

大竹　考えない。

永井和尚　そうです。考えないまま、与えられるようにする。あれこれ忖度する前に動けるようにする。これも仏教的な癖といえるだろうね。席を譲ることだってそう。この人はおじいちゃんなのかどうか、席を譲られてむっとしたりしないだろうか、なんて考えるまでもなく、はいどうぞ、って席を譲ってしまう。食事をしていたってそうです。サービスサービスって、今はやってもらうことばかり求めています。お店の人が忙しいなら、自分でお茶をとりにいけばいい。片付けもやってしまえばいい。

大竹 与えることの意味とか、目的とか考えないで、体が勝手に動くようにしてしまう、これが仏教的な癖なんですね。

永井和尚 その通りだと思います。与えることで、心がすがすがしくなるでしょう。嫉妬していることに気付いたら、それを素直に受け入れましょう。でも、そこに居ついてはだめ。思い切って与えることで嫉妬はなくなる。たとえば、彼女にふられたらその彼女が幸せでありますように、と願えばいい。その心には、もう嫉妬なんかない。

大竹 別れた相手の不幸を願っている限り、嫉妬は燃え続け心のガンになってしまう。

永井和尚 そうです。自分から彼女を奪ったやつも幸せでありますように、と願おうじゃない。私の元カノについてはおもしろい後日談があってね。布教師の勉強会で高等布教講習会ってのが妙心寺で開かれた。この講習会に初めて参加したときに、元カノのその時の恋人がそこにいてね。花園大学の後輩で、いい男なのよ。

大竹 僧侶だったんですね。しかも同じ臨済宗の。

永井和尚　そう、妙心寺派。布教師の勉強もしててさ。五十人くらいの参加者の一人、ライバルだよね。十五日間続く講習会の最後って、やっぱり盛り上がるんだよ。みんなで飲んで、そりゃもう大宴会。それで、一人一人挨拶せぇ、って言われるから、彼は私の彼女をとりました、なんて紹介したりしてさ。最後は肩を組んで大笑いしていたっけね。

大層な自分なんてものはない

大竹　元カノの恋人と肩組んで大笑いしてたら、嫉妬なんてすっかり吐き出されていますよね。ねたみそねみっていうのは、だれかと比較することから生まれると思っていましたが、どうでしょうか。

永井和尚　比べてしまうという心の元をたどってみましょう。自分が信じ切れなくなっている。そして、信じ切れないということの元には、自分という確かなものがあるという思い込みがある。そんなご大層なレベルをどんどん下げていけばいい。自分なんてのは、素っ裸になってしまえば下らないヤツなんだってね。禅の修行では、ここをはっきりさせます。坐禅して無念無想なんて、偉そうなこと言っちゃってる人もいるかもしれないけどね。誰でも、早く終わらないかな……って思わずにはいられない。みんなそうですよ。

大竹 正直ですね。

永井和尚 正直であれ、ということは、自分の愚かさにも正直であれってことです。親鸞さんはすごく正直。彼は人をあやめてしまったような人とだって対等に付き合える。「もし同じ育ち方をしたら、私もあなたと同じように人をあやめていたかもしれない」って、親鸞さんのような人にいわれたら、涙が出るでしょう。自分っていうものを美化しない。禅の秘訣は、残り物を探すということかもしれない。

大竹 捨てて、捨てて、その結果、残った物ということですか。

永井和尚 そう。十くらいあると思って生きていたら、ほとんど一になるまで捨ててしまえばいい。

大竹 自分というものに執着するなということですか。

永井和尚 そもそも禅は自分を捨てていくものでしょう。その自分ってのが厄介なんだな。

だから、それを捨て去るために理不尽に見えてしまうような修行をする。肥やしだって手で掬えとかいわれる。まだウンコが指についているのに、そのままご飯になっちゃったりして、食べ終わったらお椀をそんな指で拭いてきれいにしようってんだから、よくやるよ。あんなこと、あれこれ考えていたらやってられないですよ。

大竹　西洋流の自我が邪魔しているわけですね。

永井和尚　そうです。その自我を無我にさせる秘訣が禅にはある。

大竹　嫉妬は自分という確固たるものがあるという思い込みから生まれる、そこに気づかないといけない。

永井和尚　自分探しなんてのも、適当に切り上げればいいってことでしょう。とっととやめてしまえ、ということ。ご大層な自分があると思うから傷つく。インドに自分探しに行くなんてのが流行っていたようだけど、それを目的にするならナンセンスだよね。自分を捨てに行きなさいといいたい。

大竹　インドで何かを得るとすれば、人間なんてたいしたもんじゃないな、ってことでしょうか。写真家の藤原新也さんが、人間は犬に食われるほど自由だ、と仰っています。

永井和尚　すごくいいね。インドに行って、人間の目線を捨てて、自我の目線でないような生き方ができるようになれればいい。

大竹　日本でももちろんできますよね。雄大な自然に触れるだけでちっぽけな自分であることが分かる。自分の愚かさも卑小さも分かる。

永井和尚　でも気持ちは雄大になるでしょう。そういうのを見てね、そのままでいいという感覚になってきますよ。嫉妬も欲もあるけれど、無いに等しい感覚になれる。自分に正直であることはとても大切なことだと思います。

平気であれ

永井和尚　如実知見といってね。はっきりとありのままに見ることですよ。人間って都合のいいようにものごとを計り、都合の悪いことからは目を逸らせようとする。ここにはまだまだ執着が、心のガン細胞が残っているのでしょう。

大竹　都合のいいようにものごとを見ようとするために、僕たちは他人を言い訳にするかもしれません。

永井和尚　言い訳は他人に依存しているということ。坐禅というのは孤独への試練です。一人になる、寄る辺を失うということ。一本のサイの角のようにただ一人進まなきゃね。そうすると、嫉妬ともうまく付き合える。寄る辺を失ってしまうと、結局はありのままになってくる。要は、なにが起きても平気になってくる。嫉妬していても平気になってくる。素直になって、ああ、自分はいま嫉妬しているんだなって。

大竹　嫉妬しようがしまいが、どうでもいいということですか。

永井和尚　どうでもいい。自分は今、あの人に嫉妬しているなって。それで肚に納めちゃう。

大竹　いろんなことを考えてしまうと、余分なことで心がいっぱいになってしまう。そんなときは、余分なものがない場所にいって、自然に浸ると、嫉妬している自分がばかばかしくなってくる。

永井和尚　そう、それも一人で浸ることが大切です。その人はその人で納まっていればいいの。彼は彼、私は私。あれこれと今の人は考えすぎる。自我の確立なんてものに毒されちゃだめですよ。だいたい、自我ってのはご大層な自分を想定しているわけでしょう。そうでなきゃ自立できない、なんて考え捨てちゃいなさい。無であっても自立しているんだから。

大竹　無であっても、とは、無我であっても、ということですね。無我であっても進むことができる。

永井和尚　色即是空の色とは自分ですよ。分別し、世界を意味付ける自分。でも、色だけだと勝手な分別になってしまう、だから色即是空なんです。そして空即是色。あなたは世界であり、世界はあなたですということでしょう。ちっぽけな自分が地球のことを思って生きている。それが仏教の教えだよね。だからゴミは捨てない。戦わない。話し合いができるのも、人類皆家族だから。

無分別の分別という教えが禅にはあります。無分別と言いながら虚無的になってはいけない。じっさい、私たちには気に入らないことだってある。禅画で有名な仙厓義梵和尚に、「気に入らぬ風もあろうに柳かな」って句があってね。まさにこれですよ。自分に不都合なことだってたくさん起こる。心が折れそうになる時だってある。でも柳は、風で折れそうになっていても、常にゆらゆらと平然としているよね。そういうことです。

大竹　誰も彼も好きになんてなれないですからね。

永井和尚　そうそう。好き嫌いという感覚はあって当然でしょう。ただ、自分に嘘をつかない。嫉妬してしまうこともある。

大竹　嫌いだからって排除したり、いじめたりしない。

嫉妬を問題としない

永井和尚　自分を見ていればわかるよ。釈尊は、人間が出すものは、目くそ鼻くそ耳くそしかない、汚いものばかりじゃないかって仰っている。それが身に沁みるまで私たちは徹底的に修行で追い込まれる。そしてようやく、それがわかってくる。そうしたら大したもんだ。見るものが自分ではなく、人になってくる。

大竹　西洋流の自我ばかりだと、猛烈なルック・アット・ミーになってしまいますよね。僕もそんな知り合いに思い当たります。自己主張をしないと誰も自分を注目してくれない。自分が何者かであることを自らアピールしていかないと、それも誰よりも強く、早く。そんな競争社会ですよね。なにか発言をしなくてはいけない、自分をプレゼンテーションしなくてはいけない、と追い立てられて発言するけど、中身がない。

永井和尚　そんな、語るべき大層な自分なんていない。勝ち負けばかりに注目されるこの社会で、自信をなくしてしまうときだってあるでしょう。あいつはこんなふうになっているのに、おれはどうして、なんてね。私だって、嫉妬している自分は嫌なやつだな、って思いますよ。でも、そこは正直であること。そして大切なことは、嫉妬を問題にしないということ。嫉妬を問題にしてしまえば、問題としてずっと持っていなければならないし、嫌な気持ちがさらに増していくばかりでしょう。

大竹　出世とか、地位とか、もうどうでもいいや。自分ができることはこれだけだ、と覚悟することですか。

永井和尚　そう、覚悟です。その覚悟ができるには時間がかかるけど、覚悟ができてしまったらもう怖いものはないよね。嫉妬するけど、それを問題としなくなってくる。

若いうちは嫉妬するまで愛してみる

大竹　若い人たちへのアドバイスと、中高年へのアドバイスは違いますか。

永井和尚　嫉妬が成長のエネルギーになる年代ってのもあります。ある時、建長寺で法話をしていたら、真面目な男性が私のところに来られました。和尚の話はとってもいいものですが、子供達には聞かせられません。最初から諦めてしまうかもしれないです、ってね。「そりゃそうだな」と思いました。特に若い頃は、ねたみそねみ、みんなアリですよ。

大竹　なにもしないままギブアップしてしまいかねない。諦めるが臆病とか怠慢につながってしまうと大変ですね。

永井和尚　嫉妬するほど愛したほうがいいと思いますよ、若い人はね。

大竹　それも必要なステップであると。

永井和尚　嫉妬もしてみなさいよ。仏様はなんでも受け入れてくれます。不動明王があんな怖い顔をされているのは、嫉妬のような悪いものを代わりに引き受けてくれるからです。嫉妬しているとき、私たちもあのような顔をしている。まず、そういう顔をしている自分に正直に気づかせてくれる。あのお顔は慈悲の顔です。だから、嫉妬したという体験は必要なんです。

大竹　それが人生の半ばに差し掛かっているのに……。

永井和尚　嫉妬に翻弄されていたら、ちっぽけですよね。自分と他人をものさしでしか計れなくなってしまっている。そんな自分を、いいかげん捨ててしまいましょう。

大竹　大層な自分なんてないことに気づいていないちっぽけな自分、ということですね。

永井和尚　そうそう。

大竹　なれるはずもないのに目指している。あるはずもないのに探し続けている。

永井和尚　そのときこそ、諦めましょう。背伸びして無理をしている自分はカッコ悪いです。

大竹　中年になっても諦めきれない人たちがいます。

永井和尚　現代病というか、脳化社会の現象ですね。養老孟司先生がよく仰っています。頭で理解した世界が本当の世界だと思いこんでしまっている。そんな大人が増えているように思います。

禅はそれをどう肚におさめるかが問われ、その問いに真剣に向き合っていく。理屈ではなく。行き詰まることが大切です。禅の公案というのは、行き詰まるための試験問題。人生でも行き詰まったという経験が不可欠。嫉妬して、行き詰まらないといけない。

大竹　行き詰まる経験、というのは面白いですね。若気の至りで許されるそんな経験も、いい年になれば許されないでしょう。

永井和尚　若いころはバカになれる。若いころはバカにならないと。

大竹　その経験があるからこそ、自分を明らかにすることができる。

知識ではだめ

永井和尚　経験を欠いているシニアは、ねたみそねみを知的に、頭で直そうとする。

大竹　そんなシニア層たちへの助言は何でしょうか。

永井和尚　気分転換かな。嫉妬しているなって自分を見つけたら、海を見に行くとか、花を見に行くとか、オートバイに乗るとかね。

大竹　趣味のようなものですか。

永井和尚　上手な逃げ道をふだんから用意しておくといい。そこでは考えないでいられるようにする。

大竹　シニアというのは、人生を振り返りたくなる年齢だと思います。自分はなにをやってきたんだろう、これからなにをやっていけばいいんだろう。そしてこの年代になると、同じフィールドの仲間たちとの差が如実に現れてきます。同じ大学の仲間、職場の同期たちとの勝負が、もうついてしまっている。もっと頑張れば挽回できる、そんなレベルではなく。どうしてあいつには、家もお金も地位もあって、自分にはないんだ。どうしてこんなになってしまったんだ、と比べてしまう。

永井和尚　そういう人たちに、結果云々ではない豊かさを上手に生きている仲間はいますか、と訊ねたいですね。お金持ちより人持ちがいい。苦く辛い経験を積んできて、お金がなくても豊かに生きている仲間が、私にはたくさんおります。

大竹　心友ですね。

永井和尚　その通りです。現代は心を鎮める時間がない。年がら年中、心が波立っている。坐禅をすることで心が澄んできますよ。三島の龍沢寺の老師が仰っています。「おまえさんたち、体が汚れたらお風呂に入るだろう。心が汚れたらどうするか。坐禅をするんじゃ」

行き詰まる思いをしたら、まずは深呼吸して自分に向き合う。そうするうちに、だんだんわかってきます。

大竹　僕たちの日常に、心が澄んでいる時間はほとんどないように思います。

永井和尚　そうでしょう。だから、お手軽な答えを本なんかに求めてしまう。そんなことをしたら、澄んでいく水をまた触って濁らせてしまうことになってしまうよ。

大竹　自分が映る鏡が濁っている。

永井和尚　鏡が濁っているというのは、鏡が使い古されているということじゃない。すばらしい理想の自分がそこに映っているような錯覚をする。それが鏡が濁っているということです。

大竹　プリクラのようなものですね。エフェクトがかかりまくり。

永井和尚　盛りに盛られた自分。

大竹　そんな理想の自分なんかを掲げている。

永井和尚　自慢が多くなるよね。自分を守ろうとして、みっともない自分を認めようとしない。自分が大層なものだと認めてもらいたい。そしてだれかから褒められたい。さらに厄介なことに、人のものを借りて自慢しようとする。出身大学とか勤めている会社とか、こんなすごい知人がいるとか。こんな禅僧の坐禅会に通っていますとか。

大竹　盛り盛りの自分アピールですね。

永井和尚　シニアになれば誰も自分が見えてくると思うのだけどね。そこで二種類のシニアに分かれるでしょう。そんな自分に不満をもってしまい、人のふんどしで相撲をとりたくなるシニアと、向上心があるシニア。向上心がある人は、地位とかに関係ないところで自信があります。そして焦りもない。

大竹　ライバル関係というのは、お互いに高め合っていますね。嫉妬の関係においては、足の引っ張り合いになりそうです。隣の芝生が青く見えたら、芝生にゴミでも捨ててやろう、そんな卑しさでしょうか。相手が不幸になると喜ぶ、でも自分が成長したわけではないのに。

永井和尚　自分に障りがあるんです。障りとは勝手なこしらえごとのことです。だから他人の足を引っ張ることとしか考えられない。障りがない、ということは素直ということです。一休さんの衣の逸話はそのことを教えています。ぼろぼろの衣でお経を読みに行ったら、先方の主人がそんな格好で来るなという。そこで、ぱりっと折り目のついた衣に着替えて行ったら、お待ちしておりましたといわれる。じゃ、お前さんたちの望んでいるのはこれだろう、って衣だけ置いて帰ってしまった。

大竹　こうであるべきだ、という先入観が主人の頭に知識としてこびりついていたわけですね。

良い加減で生きよう

大竹　昨今には、ブレない生き方、という決まり文句があります。ブレないように生きよう、生きようとして、逆に自らを縛っているように思えます。自縄自縛というところでしょうか。その紋切り型が、大きな障りになってしまっている。一貫性とか計画性とかばかり強調されると、少し息苦しくなります。

永井和尚　ブレないという確固たる自我ですね。私たちは、0か1かの世界で生きているように思い込んでしまいます。でも、自然界はどうでしょう。0か1で決して納まらない。愛でるという言葉があります。0でも1でもない存在を愛おしく見る、そんな感覚ですよ。身内でも他人でもないような愛しさといいましょうか。

人間は0か1かという知的解釈に縛られていて、真剣に生きることを忘れてしまっている。人間だけですよ、真剣に生きていないのは。どんな虫でも、真剣に、一瞬一秒を生きている。葉っぱの裏側に真剣に隠れている。だから、自然を愛でる感覚、これを大切にして欲しいですね。そうすると、自然に備わっている良い加減というのが身にしみてくる。0か1でしかものごとを許れない人は怖い、と私は感じてしまいます。

大竹 いまは、大学生たちの議論も0か1ですね。そもそもの発想が0か1しかない。

永井和尚 答えを知りたがっているんだよな……まず、正しい答えがあると思っているわけです。

大竹 世の中は黒か白ではなく、グラデーションの中にしかないと思います。白黒はっきりさせるということも、一つの方便でしかない。その白黒も、グラデーションの中にしかないのに、それが絶対的な動かざる白か黒だと思ってしまう。

永井和尚 答えが欲しくて欲しくてたまらない。これも欲ですよ。分かるという時点で、分別しているんですから。分からないということが分かれば〈バカ〉じゃない。これが仏教の教えです。

大竹 議論もそうですよね。討論なんて言葉通り、相手を討ち負かしてなんぼだ、なんて思っています。白黒つけられないということを許さない。

永井和尚　自然は論破してきませんよ。本来は言葉なんて無用です。

答えを急がない

大竹　虫は無言で、真剣に生きている、と仰いました。自分に素直に、自分に誠実に生きている。

永井和尚　それが、あるがまま、です。

大竹　あるがまま、とは真剣に素直に誠実に生きているということ。

永井和尚　必死で生きることに常に集中していますよ。依存することもなく、コントロールされることもなくね。

大竹　そこでは嫉妬など生まれる余地はないですね。

永井和尚　分かろうとする欲が、真剣に生きることを邪魔している。これもまた魔ですよ。ただあるがままに見ることを邪魔してくる。

大竹　あるがまま、と言われると、あるがままに見ようとする欲が出てきませんか。

永井和尚　そうですね。修行道場はその点、清らかです。みんなで修行しているから。でも若者がいきなり、あるがままなんて言ってきたら、ちょっとびっくりしてしまう。

大竹　若いうちは嫉妬するほど愛してみる。

永井和尚　間違いなく、そうですよ。行き詰まってみないといけない。行き詰まって、ぼろぼろ泣いて、こぼれたミルクはもう戻らない、って自分で気づかなくてはならない。その経験を積むことで、事実をはっきりと、あるがまま見る覚悟が生まれてくるのではないかな。

大竹　そうなってくると、人生半ばまでにどのような経験があるかが問われてきますね。

永井和尚　自分を諦めるということは、あるがままの自分を受け入れるということです。諦める、というのは弱気に聞こえますが、真逆です。それは覚悟ですから。

大竹　リストラされた、同期に水をあけられている、無念さや後悔や不満があるかもしれない。でも、まずはそれを受け入れる。

永井和尚　それをいつまでも手放さないから諦められない。その理由を探しまくる必要はない。理由依存にならないようにしなくては。そこに答えはありません。恋愛もそうですね。

大竹　ふられた相手のことばかり考えたり、ふられた理由を考えたりしていても道は開けない。要は、新しい人に出会って、新しい人を愛さないといけない。

永井和尚　答えを誰かが用意してくれている、なんて近道はありません。自分でやってみないと。

大竹　答えを求めようとせず、焦らずに、自分でやってみる。

永井和尚　答えを急がない。どこかに正しい答えがあるという妄念は、人間を怠慢にもします。答えがなさそうだ、じゃあ、もう諦めてしまおう。これは仏教の諦めではありません。ひきこもりの問題にも通じます。

大竹　答え依存症とでも言いましょうか。ネット依存、ひきこもりなど、共通するのは、誰かの答えを求めている。

永井和尚　特に都会の人はアクセルを踏みっぱなし。誰かの答えを求めて走り続けて息を切らしている。だから私は坐禅が必要だと訴える。でも、伊豆に一人、愉快な老師がいましてね。坐禅会をやらないんですか、って聞いたら、うん、そんなものはやらないよって。あんな坐禅なんてものは、都会に住んでいる人たち、頑張ればなんとかなるって思い込んでいる人たちがやるものであって、この辺りの伊豆の石廊崎の漁師や農家の人たちは、どうにもならないことがある、という真理を自然からちゃんと教わっていると。たしかにそうだよね、と思いましたよ。

大竹　自分ではどうにもならないことがある。

永井和尚　それを都会の人たちはなんとかしようとアクセル踏みっぱなしだから、そりゃストレスも溜まりますよね。

怒り

神奈川県小田原市・東学寺住職
笠龍桂和尚

怒りは毒である

大竹　自戒の念を込めて告白しますと、東京で暮らすようになってから、怒りを感じない日のほうが稀な気がします。たとえば、電車で乗り降りするときには「じゃまだよ」とか、車を運転しているときには「おせーよ」とか、歩きスマホをしているのを見ると「くそったれが」とか、ついつい腹を立ててしまいます。駅でも最近、「暴力は犯罪です」というポスターを見かけるようになりました。「キレる」という言葉が広く使われるようになってもうずいぶん経ちます。きっと、以前と比べて僕たちは怒りをコントロールできなくなっているのではないかと思います。仏教では怒りをどのように戒めているのでしょうか。

笠和尚　怒りというのは、自分自身の心も身も苦しめるものです。怒っているときは血管が収縮して血圧が上がりますよね。仏教では、この怒りに貪りと愚痴を含めて三毒と言います。これは私たちを苦しめる最大の煩悩です。三毒というのは、本当に毒だからです。しかも、自分の心が起こす毒で、怒っているときには自分から進んで毒を飲んでいる。毒を飲むから血圧が上がって、文字通り倒れてしまいます。

大竹　三毒の毒とは、比喩でもなんでもなくほんとうに毒なんですね。

笠和尚　毒ですよ。しかも周りにもこの毒をまきちらしてしまう。たとえば、結婚式のようなおめでたい席で、「なんだこの酒や料理は、まずいじゃないか」と怒っている人が一人でもいたら、ぶち壊しです。一生に一度しかないお祝いの席が台無しになります。

大竹　取り返しがつかない。

笠和尚　そして、何と言っても、怒りの感情のままに行動すると、大変なことになってしまいます。失言して仕事を失ったり、人を殴ったり場合によってはあやめたりして刑務所に入らなければならなくなる。カッとなって我を忘れた、なんて弁解するのですが、もう後の祭りです。まさに毒ですよね。毒を飲んでしまったら手遅れです。

大竹　この毒が、誰かに飲まされたものではなく、自ら進んで飲んでしまっている状態であることに、初めて気付かされました。

笠和尚　三毒というのは、煩悩の根源と言えるものでしょう。自分の心の中から出てくるがん細胞のようなものだから、自分で自分を蝕んでいる。そして、怒りによって判断力を失い、我に返ったときには時既に遅し、あのときの怒りをどうして抑えられなかったんだろうか、と後悔ばかり。そこを抑えられるかどうかが大事なところなんですね。

『法句経』には「憤怒」の章があります。そのうちでも特に、二百二十二番は、怒りへの処方箋としてとても効力のある一編です。友松圓諦先生の訳を参照しましょう。

「人もし、まさに怒れるを押え、奔《はし》る車を止むるごとくととのえなば、われ初めて彼を御者とよばん。しからざるひとはただ、手綱をもつものなり」

大竹　僕たちを心の運転手にたとえているんですね。確かに、ブレーキのない車なんて危なくて乗れない。車やバイクのレーサーたちの技術の秘訣はブレーキングにある、なんて聞いたことがあります。

笠和尚　怒りに任せてもさらに悪い結果を生むばかり。やはり忍を行じてのみ、怒りは解かれる。これは不変の真理ですね。怒って行動してしまう前になんとか抑える、これが仏教として大事なこと。怒りの心のままに行動せず、怒りの心を言葉にせず、よく慎みなさいと法句経は戒めています。こういった智慧こそ怒りに対する処方箋だと思います。

怒りの感情は負の連鎖を生みます。建長寺開山の蘭渓道隆禅師は、旧仏教勢力からの讒言《ざんげん》によって甲府へ流罪させられます。その冤罪を背負って出立されるときに、弟子たちを前にこんな言葉を残しました。「仏弟子は忍辱《にんにく》行を第一とする。人の憎悪や罵詈を受けても決して瞋りの心を起こしてはならぬ。自ら瞋れば、さらに他の瞋りを増す。自他ともに悪業を深めるだけである」

実際、蘭渓道隆禅師はこの流罪の縁をむしろ喜び、甲州の人たちとさかんに交流しました。甲州の人たちも、禅師を「仏日を観るが如く拝礼帰仰して」止まなかったそうです。怒りに対して怒りで返していたら、どうなるでしょう。さらに火に油を注ぐようなもので、どんどん悪い方へ悪い方へと進んでいってしまいます。まさに、「自ら瞋《いか》れば、さらに他の瞋りを増す。自他ともに悪業を深めるだけである」ですよね。

大竹　忍辱行第一、というのはその通りですね。怒りをぐっとこらえて耐え、怒りのままに行動しない。これが僕たちにとって大切なところになりそうです。ところで、怒りの相をしている仏様もいらっしゃいますね。

怒ると叱るは違う

笠和尚　不動明王たちの憤怒相ですね。あれは怒っているのではなくて、人間の悪い心を叱ってくださっている。人間の貪り、怒り、愚かさを抑えるぞ、ということでお不動様は剣や縄をもっている。観音様のお顔も素晴らしいけれども、お不動様は、直接、わかりやすく、私たちの悪い行いを懲らしめてくださっている。

大竹　僕たちが怒っているのとはわけが違いますね。僕たちは自分の感情のまま、自分の思い通りにならないことに怒っている。

笠和尚　その通りです。叱るというのは、それがあなたにとって危険だから叱ってくれる。もし、誰も叱ってくれなかったらどうなりますか。子供がボールを追いかけて道に飛び出してしまう。「こら！」と叱ってやらないと危ないじゃないですか。これは怒るのと違います。仏様の憤怒は、私たちを叱ってくださっている。これは仏様に限らず、親子とか師弟でも同じです。

大竹　子をきちんと叱れる親、弟子をきちんと叱れる師匠、今は少なくなってきています。

ところで、師弟といえば、和尚にとって忘れがたい師匠とのエピソードがあるそうですね。

禅の師匠に対して……

笠和尚　大学四年生のときの話です。神戸六甲の祥龍寺の徒弟になって、そのお寺の後継者という位置付けでした。住職は厳しい和尚でしてね、埼玉の平林寺の僧堂まで六甲から歩いて行け、というんです。いわゆる初行脚というものです。昭和五十七年当時の話です。しかし、三月下旬になっても四月になっても出立させてくれない。入門の期限があることは知っていましたが、私も詳しくは知らないし、これもまた師匠が決めるもの。それでようやく、四月の十二日に出立することが決まりました。六日間歩いたところで、滋賀県のお寺に到着した時、そこで、「こんなゆっくり歩いていたら間に合わないぞ」と注意されたんです。というのは、入門の締め切りが五月一日だったんです。師匠は、早かったら二十日ほど、遅くても二十五日くらいで神戸から平林寺に着くだろうと仰っていました。それで私は大慌てです。ヒッチハイクしながらなんとか四月の下旬に到着して、庭詰め、旦過詰めの入門試験を受け、ようやく新到参堂ということで入門が許されたわけです。

大竹 早くても二十日と言われた道のりを、八日で踏破された。

笠和尚 四月の十二日に出立しろと言われたのは師匠ですからね。早くて二十日間と考えておられたわけですから、どう頑張っても五月一日の入門期限には間に合わないわけです。どうせ途中で挫折するだろう、と思っていたのではないかと、私はものすごい怒りを覚えました。

大竹 相当な怒りだったわけですか。

笠和尚 なにしてんだ、と。だったら三月の下旬にでも出立させてくれたらよかったものを、四月十二日という出立日を決めたのは師匠で、それで入門ぎりぎりになって到着し、「もう少し遅かったら間に合わなかったところだぞ」と先輩に怒られる始末ですよ。どうせ期待されてなかったんだろうと思うと、怒りはピークに達しました。

大竹 しかし、そのまま道場へ入門されたのですよね。怒る相手もいないのにどうされたのでしょう。

笠和尚　ありがたいことに、修行中に怒りは消えていました。というのは、朝の三時から読経三昧、そして坐禅三昧。托鉢のときは托鉢三昧。平林寺というお寺の土地は広大ですから、作務にしてもとても厳しい。修行中にいろいろなことを引きずっていると必ず失敗します。掃除中に余計なことを考えていると、手抜きになって叱られます。薪割りのときなどは怪我をしかねません。食事中にぼうっとしていると、おかずもたくあんも取れません。皆さん食べるのが早いですし、禅宗の食事の作法は綿密ですから、間に合わなくなってしまいます。

大竹　迷惑をかけてしまう。

笠和尚　最初の一年はその繰り返しでした。二年目くらいからようやく周りが見えてくる。僧堂というところは、あらゆる場面で、そのもの三昧になりきらないと生きていけないわけです。そういう姿勢だったから怒りも忘れていたんでしょう。

大竹　そうして修行を終えられ、祥龍寺ではなく東学寺に入られたのですよね。祥龍寺のご住職は困られたのではないですか。

笠和尚　平林寺の老師の紹介で東学寺に入ったのですが、神戸の師匠は怒りましたよ。俺の弟子だったのにどうしてだ、とね。私としても、以前のことを思い出すわけです。

そこで思い切って、「あのとき四月十二日に出立しろと言われましたが、入門の期限は五月一日でした。これじゃ、間に合わせないように出立させたも同然じゃないですか」、と怒りをぶつけたんです。師匠、きっと怒るな、と思っていたら腕組みしてこう言いました。「それは悪かったな。わしらのころは五月十五日が入門の締め切りだったんだよ。あんたが歩いて行くのに三月下旬じゃまだ寒いだろうから、なるべく暖かくなってから出立させようと思っていたんだよ。四月十二日でも十分間に合うと思っていたんだ」。そのとき、私の目から涙が流れ落ち、溜まりに溜まっていた怒りが、さっと、消えてしまいました。

大竹　信頼している師匠に裏切られた、そんな思いが怒りを生み出した。でも、それが全くの勘違いだったと分かって、一気に怒りが氷解してしまった。

怒りに実体はない

笠和尚　そのとき学んだことは、怒りというのは実体なんかないということです。実体がないようなものをずっと引きずり続けた自分の愚かさと、怒りというものがほんとうに自分を苦しめることに気がつきました。怒りに実体なんかないことに、おそらく誰でも気づいているはずなんです。

大竹　嫉妬や恨みは、一朝一夕に解決できない根深さを感じますが、怒りはどうやら違う。僕たちは、おもしろいくらい勝手に怒ります。相手から怒りが渡されたわけではないのに、勝手にこちらが怒りを生み出している。

笠和尚　ばかみたいな話です。でも、人間の感情にはそういうところがある。勝手に怒って、その怒りに任せて行動に出てしまうと、大変なことになる。相手を傷つけて、自分も傷つけてしまう。貪瞋痴《どんじんち》の三毒が、百八ある煩悩のベストスリーというかワーストスリーの一つであるのも、それによって自分を大きく傷つけるから。そして、忍辱第一というのもそういうことです。言葉に出したり行動に出てしまうと取り返しがつかなくなるから、それを抑えることが大事です。

大竹　「キレる」というのも、怒りの特徴をよく表していますね。周りから見たらどうってことないのに、勝手に怒っていて、突然、暴言を吐いたりや暴行をしてしまう。「キレる」というのは現代の怒りの様相を良く表しているようですね。

器

笠和尚　キレてしまう人は、いつも怒りのもとで心がいっぱいいっぱいになっている。怒りのもとを溜めないことが大事です。今の人は怒りを溜める器が小さくなっているんじゃないかな。いつも器の縁スレスレまで怒りのもとが溜まっているような状態でしょうか。怒りを表に出すことは恥だということをまず知るべきでしょう。

大竹　怒っている自分を鏡で見れば、わかりますよね。どれだけ恥をさらしているか。

笠和尚　そんな自分はみっともない。恥という価値観を自分に根付かせることが大事です。怒っている人は恥ずかしい自分を人前にさらしているわけです。すぐ怒る人は自分の器の小ささを自ら暴露しているようなものですから。お猪口のような器しかない、ということですね。それが五升炊きの釜のような器だったら、ちょっとやそっとでこぼれない。

大竹　怒りという感情をなくすのではなく、腹が立っても表に出すのを抑えるということですね。

笠和尚　怒りは仕方ないものです。ただ、私たちの心を常に安定させることは難しい。法句経の三十四番では、そんな私たちの心を陸に打ち捨てられた魚にたとえています。「すみかなる、水を離れて、うるおいもなき陸の上に投げ捨てられし魚のごとく、誘惑者の領土をのがれんとて、心ひたすらに立ち騒ぐ」

大竹　怒りや恨みを誘発するようなものに取り囲まれて僕たちは生きている、それが陸に打ち捨てられた魚というところでしょうか。

笠和尚　実に危ういところに生きているということですね。本来あるべきすみかで、心静かに暮らすためには、まず、怒りを腹におさめなければならない。腹におさめられる人は、器量が大きい。

巡教でしばしば話をしていますが、怒りの心の状態はバケツの中の泥水のようなものです。濁り切っていますから、そのような心で適切な判断ができるはずもありません。でも、ぐっとこらえていることで、泥はすうっとバケツの底に沈んでくる。水も透き通ってくる。透き通った水のような心でいてようやく、智慧が働く。透き通った心で判断すれば、言いすぎたな、やりすぎたな、と反省することができます。しかし、やってしまったあとに「すいません」では、もう取り返しがつかない。だから、指を入れても一センチ先すら見えない泥水のバケツの状態で、数分、数秒、耐えることで、心が安定する。この怒りに対する処方箋こそが、仏教の大いなる智慧です。

大竹　現代人の器は小さく、しかもいつも泥水が入っているような状態、といえるでしょうか。特に都会ではその傾向が強いと感じます。

笠和尚　そうだと思います。サラリーマンだろうが、医者だろうが議員だろうが、とにかく罵詈雑言を晒してしまって、取り返しがつかなくなるニュースが後を絶ちませんよね。伝道句にも、「失言は放ちたる矢の如し」とあります。

大竹　「怒るな」ではなく、「怒りを出すな」ということですね。

笠和尚　怒りを表に出さないことが、その人の器の大きさであり、その人の恥を晒さないことになります。

大竹　蘭渓道隆禅師が仰られる「忍辱行第一」も、まさに怒りの処方箋ですね。

笠和尚　忍辱行は、もちろん、私たち僧侶にとっても大事なことですが、一般の方にとっても大切なこと。僧堂での修行をするとかしないとかの問題ではなく、日々、忍辱行をすることのほうが肝腎です。日々の忍辱行こそ悟りに至る実践徳目です。

六波羅蜜は重要な実践徳目です。その最初が布施。金品を施すだけでなく、笑顔や優しい言葉も立派な布施行になります。次の持戒は、毎朝早起きをするとか、お酒を慎むとかです。そして忍辱。怒りを抑えるなんて一番の修行だと思います。そして精進。自分をコントロールして、自分の人格を向上させていくわけです。禅定《ぜんじょう》は静かな心、これは泥と水がはっきり分かれた透き通った心です。最後に智慧。穏やかで安定した心から智慧が生まれます。六波羅蜜のうち怒りに関して肝に銘じておくことは、忍辱と禅定。カッとなった状態では、お互いを思いやるような智慧は出てきません。

現代人の心

大竹　繰り返しになりますが、どうも、常にイライラしているような自分がいます。スケジュールがきつかったり、息が詰まるような満員電車に乗らなければならなかったりすると、ちょっとしたことで腹が立ってしまいます。

笠和尚　現代人が怒り易い心になっているのは確かでしょう。ふだんから追われているからです。たとえば、携帯にメールが届いたらすぐに返信しなくてはいけないとかいうのもその一つ。メールなんてものは、さっと書いて送信できるものですからね、相手を思いやる余裕なんかない。仕事のスケジュールだって、余裕を持たせればいいんです。どちらかというと、ギリギリの時間で動こうとするから、ちょっとした遅れなんかでカチンときてしまう。

大竹　メールではなく、手紙で連絡するようなことも、あえてしてみるといいかもしれないですね。一文字一文字、相手のことを思いながら手紙を書く。電車や飛行機やバスに乗るのも、出発直前に到着するのではなく、余裕をもって到着するように心がけると、ハプニングが起こってもどっしり構えていられます。

笠和尚　そのような心がけがあるからこそ、忍辱と禅定ができるようになる。余裕のある心と、いつもいっぱいいっぱいの心では、同じ事が起こっても、違った影響を受けます。不愉快にさせること、しゃくにさわることなんて、世の中ごろごろ落ちている。腹を立てない人も、すぐ怒る人と同じように、そんなことに遭遇している。

大竹　むかつくことがあるから怒る、というよりむしろ、自分が勝手に怒りを生んでいるんですね。原因は自分にある。

笠和尚　たとえば、電車の遅延でものすごく怒る人もいますよね。でもまったく動じない人もいます。前もって、なんでも、早め早めに余裕を持たせるようにしていれば、ちょっとくらいのハプニングではたじろぎません。

大竹　いつもギリギリで動いていると、五分の遅れでキレてしまう。

笠和尚　私なんかは、現場にだいたい一時間前には着くようにしています。電車でも車でも、予定通り行くことが有難いと考えているからです。

大竹　器はもともと備わった大きさなのではなく、心がけ次第で、大きくしたり、余裕をもたせたりすることができるというわけですね。

怒りの対処法その一　呼吸

大竹　さきほど、坐禅三昧掃除三昧など、三昧で怒りを忘れられた、という僧堂時代のお話がありました。僧堂を出られてから和尚が実践されている怒りへの対処法にはどのようなものがありますか。怒りは嫉妬や恨みと比べて、まったく突発的なものであるぶん、対処も難しいかと思います。

笠和尚　心理学では、怒りのピークは六秒間だと言われています。その六秒をどのようにやりきるか、が大事です。

まずは呼吸です。一から十まで、自分の呼吸に合わせて数えてみましょう。これが数えられれば、腹が立っても即座に、バカとかハゲとかの悪口は出てこないでしょう。一から十まで数えられれば、怒りが持続する六秒間をやり過ごすことができます。いや、それもできないよ、ということになれば、怒りを感じたらまずは一呼吸してみましょう。ゆっくりと深呼吸です。

怒りの対処法その二　感謝の言葉

大竹　「クソ！　バカ！」とかの悪口雑言はダメですが、別の言葉を口にするのはどうでしょう。

笠和尚　「ありがとう」と十回、唱えてみましょう。動悸がして呼吸がどうしても浅くなってしまうほどの怒りを感じたときは、「バカヤロー！」ではなく、「ありがとう！」

と言ってしまう癖をつける。

大竹　「バカヤロー！」と言えば言うほど、自分の心は波立っていきますからね。しかも恥さらしになってしまう。

笠和尚　いい言葉にしないといけません。自分の恥知らずな言葉を一番近くで聞いているのは自分の耳ですからね。それは自分を傷つけているようなものです。しかも、言葉は言霊ですから、口にするなら周りも良くするような言葉にしましょう。相手を傷つける言葉は必ず自分に跳ね返ってきます。それよりも、腹が立っても「ありがとう」「感謝してるよ」と言うだけで、相手も救われるし、自分も救われる。悪い空気を吸ったとしても、吐く息だけは感謝の言葉でありたいですね。

大竹　売り言葉に買い言葉で、失言してしまい、仕事を失うくらいなら、怒りを誘発する言葉を渡されても、「ありがとう」と言ってしまえばいいんですね。お経を上げるのはどうでしょう。

笠和尚　怒っているときに観音経や般若心経を唱えられればすばらしいことでしょう。怒りが芽生えたら、短いお経を上げるのも効果的です。

大竹　どのようなお経がおすすめですか。

笠和尚　延命十句観音経《えんめいじっくかんのんぎょう》や、四弘誓願文《しぐせいがんぶん》は短く覚えやすいと思います。「観世音、南無佛。与佛有因、与佛有縁。佛法僧縁、常楽我浄。朝念観世音、暮念観世音。念念従心起、念念不離心」が延命十句観音経ですね。「衆生無辺誓願度、煩悩無尽誓願断、法門無量誓願学、仏道無上誓願成」が四弘誓願文です。

もっと短くすれば、「南無阿弥陀佛、南無阿弥陀佛」もいいですね。禅宗では「南無釈迦牟尼佛」と言いますが、どちらでも良いでしょう。

大竹　深呼吸、そして感謝の言葉やお経。他にはどうでしょう。

怒りの対処法その三　合掌

笠和尚　腹が立った時に「ありがとう」十遍。これよりさらにおすすめなのが、合掌することです。怒りを覚えたら、ぱっと合掌してしまう。自分の心の怒りを抑えてくれる仏さんがいる、そういう思いで合掌する。そして、相手にも合掌する。

大竹　仏さんがいる、というのはイメージが湧きやすい。合掌にはどのような意味があるのでしょうか。

笠和尚　怒りの表現として思い当たるのが、ファイティングポーズですよね。前のめりになって拳を握る。この状態では怒りは収まりません。むしろ怒りを増幅させ、物に当たったり人に当たったり、どなったり、悪循環は止まりません。

合掌というのはしあわせのポーズなんです。手と手を合わせているこの態勢から怒りが出ることはありません。私なんか、手を合わせただけで「観自在菩薩」とすぐお経が出てきてしまいます。手を合わせるのはお経を読む姿勢ですよね。合掌しながら罵声を口にすることは無理なんでしょう。合掌するということは、怒りの対象の相手にも、自分にも、仏の心があることを意味します。これは忍辱行の姿勢でもあるんです。

大竹　確かに、ファイティングポーズをすると、殴りかからんばかりの気持ちになります。こんな格好をしていたら、我慢できそうにもありません。逆に、合掌してると、手が出せないというか、手を合わせている状態から手が離れなくなります。

笠和尚　そうでしょう。合掌すれば、速やかに怒りが鎮まっていきます。だから、ぱっと合掌してしまう。「いがみ合いより拝み合い」という伝道句があります。腹が立っているけれども、自分自身の仏の心を呼び起こして、「おまえにも仏さんはいらっしゃるんだ」、と合掌しましょう。

大竹　腹が立ったら合掌する。これを癖のようにしてしまえばいいんですね。悪いのは相手か自分かとか考える前に、ぱっと合掌してしまう。

笠和尚　そうです。これは是非、実践していただきたい。

余裕ある日常

大竹　先ほど話に出た、手紙を書く、ゆとりをもって電車に乗るようにする、という方法の他に、追い立てられている日常に少しずつ余裕を持たせるようにするため、どのようなことがおすすめですか。

笠和尚　僧堂では、朝の十時と午後の三時にお茶とお菓子が出ます。僧堂はいわば体育会系のノリで、先輩は絶対的な存在です。そのため、理不尽なことをされてしばしば腹が立ったこともありますが、お茶を飲んで甘いお菓子を食べることで、そんな怒りもすっと消えていきました。お茶とお菓子で一息つく、これには心を静める大きな作用があります。

「茶は養生の仙薬なり」とは、私たちの開祖である栄西禅師の『喫茶養生記』の序の言葉です。「喫茶去」という言葉もまた禅でよく使われますが、お茶を一服すると言いますね。喫茶は私たちの身体の健康法であると同時に、心の健康法でもあります。

慌ただしい毎日に、お茶を飲んで一休みする時間を設けましょう。

大竹　一休みする、というのが大事なところ。

笠和尚　お茶を飲むといっても、ペットボトルのお茶を、ただ渇きを癒すために、慌ただしく飲むのではダメです。

大竹　お茶以外にはどうでしょう。

笠和尚　悪口はやはりいけませんね。貪瞋痴の三毒の愚痴、お酒を飲みながら愚痴をこぼす、これでは煩悩を駆り立てるばかりです。アルコールによって余計に三毒を増幅させてばかりでは、余裕のある日常にはなりませんし、怒りの表現も過激になっていくばかり。

言葉は大切にしなければなりません。挨拶もなおざりではいけません。丁寧に、丁寧に話すことを心がけましょう。

大竹　どれだけ腹の立つ上司がいても、「バカ」「クソ」では、自ら怒りの種を蒔いているようなものですからね。そんな上司にも、「ありがとう」と言ってしまう。

笠和尚　こちらが余裕を持てばいいんです。感謝の言葉で、理不尽を突き放してしまいましょう。あと、余計なものを持ちすぎている人が多い。

大竹　確かに。手軽に買えて、気軽に捨てられるものが溢れています。

笠和尚　私の作務衣は三十二年前のものです。破れたら縫って直します。余計なものがあるだけで、家は狭くなります。そして家の中の状態は心の状態ですからね。さあ出かけよう、というときに、靴が見つからない。それだけで怒りが発生する。用途に合わせた靴が一揃えあればいい。

大竹　こちらは、貪瞋痴の貪りですね。余計なものが家にあふれていると、物にぶつかったり物を踏んづけたりする頻度が増します。

笠和尚　心がごちゃごちゃしていると、同じように、怒りのもとにぶつかったり、怒りのもとを踏んづけたりすることが増えます。その度にストレスが溜まってしまいます。

禅宗は「本来無一物」です。おぎゃあと生まれたときには誰も、何も持っていない。そして、亡くなるときも何も持って行けません。生きている間も、できるだけシンプルでいたほうがいい。「物もたぬ　たもとは軽し　夕涼み」という有名な一句があります。たもとには何も入れないほうが動き易くて楽です。いろいろなものが入っていると、邪魔で仕方ないものです。

大竹　いろんなものを詰め込んでカバンがパンパンになっている人もしばしば見かけます。

笠和尚　それだと目当てのものを見つけるのに、いちいちカバンをひっくり返さなければならないですよね。余計なものを持つということは、自分で自分の首を絞めているようなものです。私たち僧侶は、頭を丸めてタオル一本あればいい、と言うくらいです。お風呂だって余分なものは要らない。本来はお湯で身体をきれいにして、タオル一本で拭いて、それをきちっと絞っておけばいい。食事でも持鉢という五枚の器しか使いません。

大竹　最高度にシンプルな生活ですね。

笠和尚　「威儀即仏法」です。威儀を整えることが仏道です。だから、私たちは衣をきちっとつけて袈裟をつける。その格好をして怒る僧侶はいませんよ。叱る僧侶はいますけど。もちろんこれは、僧侶だけに通じるものではありません。身だしなみを整えている人からは、怒りは出にくい。

大竹　わざと、服装に抑圧への怒りや反抗を表現している人たちもいますしね。彼らには、「君子危うきに近寄らず」です。

笠和尚　その通りですね。禅宗のお寺で一番大切にしているのは、「脚下照顧」ですよ。たいていのお寺には書いてあります。履物をそろえること。玄関を見れば、その家の人の日常が分かります。履物が乱れていて、玄関が汚い家は、それだけ怒りが出やすい環境になっているということです。

大竹　履物を揃えて家に上がる、ある意味面倒なことですが、この面倒ができるかどうかが日々の余裕につながってきそうです。毎日追われっぱなしで、慌ただしい現代には一層、大事なことでしょうね。

笠和尚　今は、座って仕事をする方が多くなっていますね。そんな仕事をされている人たちには、身体を動かす習慣が必要だと思います。

大竹　デスクワークばかりだと身体の機能が狂ってきますし、心もバランスを欠くのですね。和尚はどのようなことをされていますか。

笠和尚　私は高校時代、山岳部でした。山に登ることは良いリフレッシュの一つになるでしょう。声を出すこともいいでしょうね。カラオケが流行っているのもうなずけます。私たち禅宗としましては、やはり作務が大切です。私は、朝、一時間掃除をするようにしています。その場所をきれいにするということなんですが、作務は心の掃除をしている。拭き掃除をすることは、心の汚れを拭き取っている。そうすることで、器を常に余裕のある状態に保てます。

大竹　家はその人の心を表す、と言ったところでしょうか。ゴミで埋まっている家は、心も同じような状態なんですね。思い当たる知人がいます。

笠和尚　メールなどの返信にも余裕を持たせた方がいいでしょう。仕事で使っているものは仕方ないですが、それ以外のものは思い切って、一日一回だけにする。電車でも食事中でも四六時中、携帯に縛られている。それでは、いつでも怒りへとつながるスイッチが入っているようなものです。

大竹　スピードばかり求められていると、息が切れてしまいますよね。最近は利便性ばかりがもてはやされて、どんどん余裕のある日常が減っているように感じます。

笠和尚　単なる怒りの対処法だけでなく、日常生活から見直していかないといけません。

朝ごはんを立ちながら数分で終わらせて、満員電車に乗って、早く成果を出せとプレッシャーをかけられながら仕事をして、お昼もファストフードで食べて、夜は愚痴の酒。これでは自ら怒りのもとを溜めているようなものです。

大竹　怒りというのは、本人の体質というより、環境が大きく作用しているということですか。キレやすい環境に追い込まれてしまっています。

笠和尚　そんな人にこそ、先ほどの「喫茶去」がおすすめです。お茶を飲むことで、一息つきましょう。自分の呼吸を見直したらいい。ゆったりとした呼吸からは、怒りは芽生えてきません。

自分は借り物

大竹　お話を伺っていて、現代人にとっては、自分というものの在り様が問題になっていると感じました。

笠和尚　一言でいいますと、自分に執着しているんです。執着心が強い人は、怒りも出やすくなります。自分なんてのは、しょせん、借りものなんですよ。

大竹 借りもの、といいますと。

笠和尚 はじめに紹介した『法句経』で、御者の比喩がありましたよね。あれは巧みな比喩でして、私たちは、縁があってこの世に生まれた者ですが、いずれあの世に戻る存在です。だからこの世にいる間は、ある意味、この世の間借り人ということなんです。そして、約三十七兆個の細胞の寄せ集めのこの身体も借りものみたいなものなんです。レンタカーはお金を払ってレンタルします。それと同じ道理で、わたしたちも借りものなんですから、生きている間は食べる分だけでも働かなくてはなりません。だから、本来は、定年退職なんてない。生涯現役が、借りものの定めです。また、レンタカーでは、傷をつけないように慎重に運転しますよね。事故を起こしたら大変です。同じ道理で、わたしたちの身体も大切に扱わないといけない。暴飲暴食をしたり、息切れするようなオーバーワークをしていては故障してしまいます。

大竹 僕たちは、それが自分の持ちものだと思うことで、ぞんざいに扱うようになってしまいますしね。借りものと思えば大切にできます。

笠和尚 借りたものは返さなければならない。車だって、しっかりメンテナンスし続けるでしょうし、私たちの身体でも同じです。身体が自分の所有物だったら、なぜ年をとるんですか。借りものだからです。だらこそ、大事に使えば、人間の身体は百年以上もつわけですよね。

大竹　大切にすることと、執着することは大きく異なるようですね。執着している人は、むしろ自分を疎かにしている。

笠和尚　怒りやすい人は、自分の物であることに執着している。執着するからこそ、貪り、怒り、愚痴るのでしょう。自分が借り物であることがわかる、これを仏教では正見《しょうけん》というんですが、そうすると自分を大切にできるようになれます。自分に執着しないほうが、自分を丁寧に扱える。これが智慧です。自分を丁寧に扱える人は、相手も丁寧に扱える。そのような人たちは毒など飲まないですし、毒など吐かないでしょう。

迷い

神奈川県横浜市・東光禅寺副住職
小澤大吾和尚

お寺に生まれて

大竹　和尚とは、「迷い」についてお話したいと思います。たとえば、幼少期から自分の将来は自分で決めるように命じられる一方で、選択肢が無数にあり、しかも、十代後半から二十代前半で、人生の重要な選択を迫られます。それほど大事なことでなくても、日用雑貨や家電も同じように見えるものがこれまた限りなくあり、どうしても迷わざるをえません。和尚は修行のために僧堂へ入られる前に、海外へ留学し、ボランティアもされていたと伺っています。大学を卒業してそのまま僧堂へ入られる方も多いと思いますが、和尚はなぜ海外へ行かれたのでしょうか。

小澤和尚　これまでの自分の人生を振り返ってみて、まさに将来を決めなければならない時期に一番、迷っていたと思います。ほんとうに、自分がなにをやりたいのかが全く分かりませんでした。理由の一つは、実家のお寺をどうするか、という問題です。ただ長男だからという漠然とした理由でお寺を継ぐのは、自分では納得できなかった。もう一つには、国際協力に関わる仕事がしたいという思いがありました。

大竹　お寺を継ぐというのは、実際、大問題ですよね。お寺のご家族だけでなく、檀家さんを巻き込む問題ですから。一方で、誰もが持つ将来の目標もあり、それらがどうしても折り合わなかった。

小澤和尚　しかも、そんな状況に追い打ちをかけるように、自分という人間の価値が崩れてなくなってしまうと感じるような事が留学時にあったんです。留学先はイギリスでしたが、日本人、そして黄色人種ということで差別発言を受けることが、何度か続きました。

大竹　まだそんな人たちがいた。

小澤和尚　少数派だと思うのですが……黄色人種というだけでバカにする人。そんな感情が言葉の端々に現れていて、結構ショックでした。なにか自分の足元がガラガラと崩れていくような感覚がありました。そして、だんだんと人と会うのが恐ろしくなっていった。表面的には笑顔で話してくれているけど、心では見下しているんじゃないかな、こんな疑心が湧いていていましたね。

大竹　日本ではおよそ、体験できないことですよね。

小澤和尚　差別を受けたこと、そして実家のお寺をどうするか。この問題に直面していながら、私はずいぶん迷っていたな、と思います。

キャロル

小澤和尚　そんな時期に、イギリスで知的障害の人たちが共に暮らすコミュニティーでボランティアをするようになりました。そのコミュニティーには、畑やベーカリー、教会、喫茶店など、いろいろな機能があります。

大竹　衣食住すべて一揃いあったわけですね。

小澤和尚　ジャムやジュースを作るお店もありました。野菜はすべて、農園で作っており、牛も飼っていました。そのコミュニティーに、知的障害の人たちと彼らをサポートする私のようなボランティア合わせて、四百人くらいが一緒に暮らしていました。私が働いていた場所が、老人ホーム兼ホスピスのようなところだったんです。

大竹　まさに、お寺に生まれた和尚にとって、うってつけの役割です。

小澤和尚　でもそれもたまたまでした。私がお寺の出身であることなど、知らせていませんでした。そこで私は、キャロルという、五十代後半のダウン症の女性をサポートすることになりました。キャロルは様々な合併症も起こしていて、その影響で他人とのコミュニケーションはほとんどできませんでした。だけど、咳も出ますし、痛かったり苦しかったりするとうめき声も上げたりします。彼女の介護を担当するようになって初めは、ほんとうにしんどかった。夜中でもおしめを替えなければならず、ご飯は流動食しか喉を通りませんし、下の世話もしなければなりません。そういう生活をしていて、心身ともに疲れていた。ある日、その思いが口から出てしまいました。「お前、ちゃんとやってくれよ」って。流動食のゼリーをあげているときに、キャロルはしばしばむせて、飛び散ったゼリーが私の顔にかかってしまう。お風呂に入れている時に、大便をもらしてしまう。そんなことが続いていて、疲労のピークがついつい言葉になって現れてしまった。そして、そんな自分に気づかされて、さらに自己嫌悪です。私はなんでこんなことをやっているんだろう、そう思ってしまいました。

大竹　大変な現場です。キャロルは感謝のことばも言えない。

小澤和尚　その通りです。そんなふうに煩悶していた時に、彼女に会いに訪れた家族の一人が、私の働きぶりを見てこう言ってくれました。「あなたと一緒にいることができて、キャロルも喜んでいると思いますよ。私たちには分かります」。その言葉がとてもありがたいと同時に、それまでの自分の態度が恥ずかしくなりました。そこが私にとってのターニングポイントとなりました。どうすれば彼女が快適に過ごせるか、ととことん、キャロルのことだけを考えるようにしました。ご飯のあげ方、お風呂の入れ方、どうすれば床ずれしないですむか、いろいろちょっとした工夫をするようになりました。ほんとうにちょっとしたことですが。キャロルと一体化していたとでも言いましょうか。

大竹　禅で言うところの、なりきる、という境地でしょうか。

小澤和尚　気がつけばキャロルになりきっていた、と言えるかもしれません。そういう時間が過ぎていって、いよいよ私の任期の一年半が終わろうとする三日前のことです。キャロルが亡くなりました。

大竹　予想していなかった。

小澤和尚　キャロルは私に贈り物をしてくれたんだと思います。命の尊さという贈り物ですね。キャロルが亡くなって、彼女の服の着替え、お化粧直しも全部、私がやりました。職人さんたちと一緒に、泥まみれになって棺を埋めるための穴を一日がかりで掘り、教会でのお葬式では棺を担ぎ、レクイエムのバイオリンを私が弾きました。すべてやりきって次の日、私はそのコミュニティーを後にしました。もし、キャロルの体調が不安定なまま、私がコミュニティーを去っていたら、私はおそらく、いつまでも心配していたでしょう。キャロルにそのような心遣いがあったのかどうかは分かりませんが、私とキャロルがそのようなエンディングを迎えたことは事実です。最後に、コミュニティーを一望できる小高い丘に登った時、さっと風が吹いてきました。すごく爽快でした。この風はキャロルの「挨拶」なのかもしれない、そう実感しました。

大竹　和尚が、やるしかない、と覚悟されてからは、キャロルと一つになっていた。

小澤和尚　一つになる、なりきる、禅でよくいう言葉ですが、目の前の人や目の前のことに全力を注ぐという意味です。無心になって全身全霊で働く。それがどれほど大事なことか、初めて理屈ではなく全身で体感しました。その時、迷いはありませんでした。

大竹　興味深いのが、和尚が迷いを克服しようとあがきながらも、それがキャロルという女性とたまたま出会ったことによって成し遂げられたところです。和尚が希望された担当ではなかったんですよね。

小澤和尚　そうです。農作業など、ほかにもたくさんの現場はありましたが、たまたまキャロルの担当を任されました。だからこそ、キャロルからの贈り物のように私は感じます。これが、縁というものですね。

キャロルはもう一つ、大きな贈り物をくれました。私の妻です。私と同じようにボランティアとして、一日おきに、キャロルの世話の手伝いをしてくれた韓国の優しい女性は、今では日本語を習得し、しっかりお寺を支えてくれています。

大竹　キャロルの結んだ縁がこんなところにも。

小澤和尚　ほんとうに、縁とは不可思議なものですね。そしてもう一人、私が迷いを振り払えたきっかけを作ってくれた人がいます。

エルサルバドル出身の友人

小澤和尚　私がオランダの大学院に留学していたころに仲の良かったエルサルバドルの友人です。一九八〇年代、エルサルバドルは内戦に苦しんでいました。彼のお父さんは革命運動に少しだけですが、関わっていたこともあって、政府から追われる身だったそうです。一、二分逃げるのが遅れていたら政府軍に捕まっていたかもしれない。そんな緊迫した状況の下、命からがらアメリカへ逃げ出して、そこで教育を受けて、オランダの大学院で私と出会いました。

大竹　僕たち日本人にとっては映画やドラマでしかお目にかからないような非日常の中に、実際に生きていた。

小澤和尚　彼の小学校の友人は、いきなり政府の軍隊に連行されていったそうです。

大竹　どういった理由でしょう。

小澤和尚　政府軍の兵士にするためです。軍隊が教室に入ってくるや、名前を呼ばれて、そのままトラックで連れて行かれたそうです。そして兵士としての訓練をさせられ、革命軍や反政府組織と戦わせられた。

大竹　言語を絶する環境ですね。

小澤和尚　友人は言っていました。「自分もそういう少年兵になって人を殺していたかもしれない。もしくは自分が殺されていたかもしれない」と。現に、彼の友達は何人も、それで命を落としてしまったそうです。「幸運なことに自分はオランダでこんな勉強する機会を与えられている、だから世界をよりよくするために頑張っている」。そう言う彼の眼差しの強さ、意思の強さに圧倒されました。私は差別感情に晒されて落ち込んでいた。一方で、彼は自分の境遇を受け入れ、自分の故郷や世界をよりよくしたい、と堂々と生きている。自分の存在価値とは、生きる意味とは、を考えることも大切ですが、それより、自分にできることを全力でやっていきたい、と覚悟しました。

大竹　命の重みが、日本とはまったく違うということも大きいでしょう。

小澤和尚　彼にとって、生きていられるのがおまけみたいなものなんです。その友人は、今はイギリスの大学で教壇に立って、平和の大切さを伝え続けています。マララ・ユスフザイさんと似ています。

大竹　パキスタンの人権運動家の女性ですね。史上最年少でノーベル平和賞を受賞された方です。

小澤和尚　パキスタンの武装勢力が十五歳の彼女を銃撃しています。奇跡的に回復されましたが。

大竹　当たり前の命、なんていうものは一つもない、ということを実際に体験された。

小澤和尚　そういう人間の一人に会えて、生々しい話を聞いたことで、私は地に足が着いたと思います。キャロルと出会ったコミュニティーには、世界各国の同世代の若者たちがいました。彼らはほんとうに、悠々としているんです。日本では、大学へ入って、卒業したらすぐに就職、そんなレールがありますよね。でも、彼らはぜんぜん焦っていませんでした。自分のモラトリアムの期間を満喫して、時間をかけて行く道を決めていく。三十歳くらいまでになんとかなればいいかな、そんなのんびりした姿勢でした。そして、回り道を積極的にしていく。一見、遠回りに見えますが、彼らはその道中で、視野を広げ、多くのことを学習していきます。選択を先延ばしにしたりとか、怠けたりしているのではありません。目の前のことに、その都度、一所懸命にやっていけば、最終的に色々な点がつながって線になっていく。

大竹　点が線になる、とは言い得て妙です。多くの人は、初めから線を求めているように感じます。

小澤和尚　私は海外に行くことで、いったん、迷いが深まりました。けれど、そこで迷い、葛藤することで地に足がついたんです。

大竹　大学から海外留学の時代に、迷ったからこそ、いまの和尚があるんですね。日本に戻られてからどうでしたか。

小澤和尚　帰国してからは、国際協力の仕事をしていました。とても情熱的に働けましたが、やはり実家のお寺のことが気にかかっていました。さらに、社会に出て色々な方と出会っていくうちに、仏教やお寺、禅の価値に気づかされるようになりました。これからの時代、それらはとても大きな意味を持つものになっていくのではないだろうか、そんなことを考え始めました。最終的には、僧侶という仕事にも簡単に就けるものではないし、これほど望まれて就ける仕事もなかなかないだろう、やはり縁を大切にしようということで、実家に戻る覚悟を決めました。

大竹 臨済宗の修行はとても厳しいと伺っています。妻の実家が臨済宗のお寺で、義父から話を聞きましたし、『雲水日記』も読みました。一般人だと、聞いただけで震えてしまうような内容がいくつもありました。

小澤和尚 私にはむしろ、その厳しさがありがたかった。生半可な気持ちでできる修行ではないですからね。僧侶になるんだったら、死ぬ気でやらないと意味がないと思いました。ですから臨済宗の修行は自分には合っていました。しかも、修行に入るときすでに私には家族がいました。

大竹 もう結婚されていた。

小澤和尚 子供もおりました。家族を置いて修行に出るというのは、ほんとうに谷底に向かって飛び降りるような心境でした。

大竹　まさに、出家ですね。

小澤和尚　それでも、修行に出たい。飛び込むような覚悟が出来上がっていました。

大竹　飛び込んでいく、という言葉には、大きな決断という意味合いがあります。僕たちの人生には、一般的に大きな決断とされるものがいくつかあります。代表的なところでは、就職や結婚。面白いことに、それらに「活」がついて、就活や婚活が注目されていますね。

婚活と就活

小澤和尚　「活」をつけるのは一種の流行りになっています。しかし、流行りに振り回される前に、自分の足で歩いているかを確かめなければなりません。自分の足元が固まっていないのに、流行りに夢中になっては本末転倒です。婚活ありきで結婚相手を見つけようとするのも同じです。結婚するためにあれこれセミナーに行ったり、エステに通ったりする人たちは、結婚というものを相手にしている。残念ながら、人が相手になっていません。

大竹　人が相手になっていないと、どうなりますか。

小澤和尚　切りがない上ばかり見始める。そうなると、満足することなんてありません。夢中になって空にあるものを掴もうとしても、そこにはなにもない。自分で勝手に固定観念を作り上げて、どんどんハードルを上げていってしまいます。

大竹　婚活パーティーというものにどうにも違和感があります。男性側には、参加するためのさまざまな条件があります。

小澤和尚　出会いというのは、案外、自ずとやってくるものかもしれません。

大竹　それが、人為的に、出会いを一斉に並びたてるわけですからね。その他大勢の一人として。そうなってくると、年収とか服とか時計とかシワのない肌とか、そんな飾りで抜きん出ていかなければならない。

小澤和尚　家庭や子供を欲する気持ちもわかります。だったら、日頃から自分の役目を、迷いながらでも、感謝しながら勤めていきましょう。さあ婚活だ、ということで急に人間を磨こうとしても磨けません。

大竹　外側は磨けますけどね。

小澤和尚　日々の積み重ねの中に必ず出会いが訪れます。年収とか仕事とか目に見えるところばかり気にしているから、大切な出会いを見逃してしまうことになる。未熟な人が完璧な人間として着飾ろうとするより、正直に、至らないところを見せていければいい。輝かなきゃいけない、という思い込みこそ危険です。輝きとは、内面から滲みでてくるものです。体験や知見に相応して輝きは増してくるのに、ないものを取り繕ってみたところで、所詮、偽物の輝きです。

大竹　ないものねだりしても、ないものはない。結婚相手だって、きっと、来たるべき時に来るというところでしょうね。

就職活動でも同じことが言えるでしょうか。

小澤和尚　その都度、一所懸命に励めば、来るべきものは必ず来ます。どのような役割を任されても、できることをやっていくことが大切です。人脈とか、スキルとか、資格とかも大事かもしれませんが、その都度、自分ができることを見つけて、それが必要であるとかないとか考えることなく、一つ一つ大事に勤めていけば、その積み重ねとして自分にふさわしい仕事との出会いがあるはずです。だから、焦って決めようとしなくてもいい。

大竹　大学を卒業したらすぐに就職しなくては、という思い込みがそもそも不自然。

小澤和尚　そんなレールは本来どこにもないはずです。世の中の常識や採用する会社の都合に合わせる必要もないと思います。

大竹　そんな都合に合わせていたら、和尚とキャロルやエルサルバドルの友人との出会いはなかったでしょう。

小澤和尚　その通りです。出会いは自ら選べません。

大竹　キャロルのお世話をしながら体験されたこと、たとえば下の世話とか、ゼリーを吐き出されてしまうこととか、ありますね。それほど特異なものでなくても、一般的なことでも同じことが言えそうだと思うのですが。

小澤和尚　お茶汲みの仕事だって、必ず次につながります。少しでも手早くおいしいお茶を入れるために、どのようにすればよいか。この工夫や精進は何事にも通じます。そして、やっているときには無意味に思えても、必ず意味のあるものになる時が来ます。

大竹　意味のないことはない、ということですね。

小澤和尚　世間の常識とか打算によって、これは時間の無駄だとか必要ないことだ、と判断してはいけません。意味は必ず、後から出てくるものですし、経験というのは計算できないものなんです。私の留学後の仕事は、一見、仏教とは関係なさそうに見えるでしょう。しかし、そこで一所懸命やることによって、仏教に対する見方が変わっていきました。そして、いまは僧侶になりました。端から見れば、迷っている、ぶれているんじゃないか、と批判する人もいそうですが、これが大切なプロセスだった。

大竹　和尚の留学体験は、昨今ブームのグローバリズムをまさに体現されたもののようです。留学の時にはグローバリズムという考えはありましたか。

小澤和尚　ありません。私はただ見聞を広めたいという気持ちでした。

大竹　グローバルな人間になろう、という目的はなく、ただ海外で多くのことを体験された。それらが後になって大きな意味を持ってきた。今や和尚は、建長寺派の中でも英語を駆使される方として貴重な存在になっていると思いますが、そもそも、グローバリズムってどういう意味でしょう。

グローバリズム

小澤和尚　グローバリズムとは、簡潔に言うとボーダーレスのことですね。人や物や情報や金融が、全世界を自由に移動できる時代になっているということです。これが百年前であれば、私たちは自分の住む集落しか知らないまま一生を終えていたのですが、いまはその気になればどこにでも行けますし、情報だってごく一部制限されたもの以外は手に入れることができます。

大竹　どこにでも行ける、どんな仕事にも就ける、こんな環境が、むしろ僕たちを迷子にさせているように感じます。英語教育についても、母国語である日本語を差し置いて、とにかく英語を話さなくてはと狂騒的になっています。とある英語の大学教授が、グローバルの英語なんてみんなその人の母国語なまりの英語だ、と仰っていましたが、当を得ていると思います。子供の教育環境でも、最近は東南アジア方面への注目度が高まってきて、日本の教育環境が劣悪なもののように批判する人もでてきていますね。

小澤和尚　グローバリズムという言葉だけに翻弄されると、どうしても外ばかりに目が向くことになります。目は向いているけど、盲目的ですよね。「日本がダメ」という文句ばかりで、海外で育ったこと、海外の教育を受けたこと、海外の友人がいること、そんなことだけで変な自信がついてしまっては、厄介なことになりかねません。「日本はダメ」という人がいる一方で、その反動で、自国礼賛をする人たちも出てきています。ただひたすら、日本万歳の考え方です。

大竹　どちらも極端です。

小澤和尚　「世界基準だ」なんて宣伝も、なんだか過剰だな、と思います。日本というローカルだろうが、世界というグローバルだろうが、堂々と活動していれば、極端には走らない。足元がしっかりしていれば、ブームに踊らされません。急速にボーダーレスが進んでしまって、ひずみができたんでしょう。

大竹　目の前のことを忘れてしまって、自分にないところばかり探して、そこを埋めることだけ考えてしまう。これだけ情報が氾濫していたら、そうとう足元がしっかりしていないといけませんね。

小澤和尚　グローバリゼーションが進んでいくからこそ、いっそう、照顧脚下《しょうこきゃっか》が大切になってきます。本当の意味でグローバルな価値を持つものは、たとえば日本では職人とか料理人とか、匠の世界の人たちですよね。そういう人こそ、世界基準だと思います。一方で、私たちが飛びつきやすいものは、物でも人でも情報でも、一瞬で消費されてしまいます。インターネットによってこの過剰生産と過剰消費は加速されていると思います。「そういえばあんな人、そういえばあんなもの」というレベルのものがどんどん生み出され、どんどん消費され、どんどん忘れ去られていく。グローバルに価値のあるものは、グローバルを目指して達成できるものではありません。むしろ、信念や意思に真摯に向き合うことで成り立ちます。

大竹　グローバルなものに飛びつこうとするのではなく、自分にできることを誠心誠意やっていって、結果的にグローバルなものになる、グローバルな人間になる、ということですね。

小澤和尚　結果的にそうなるんです。

大竹　職人たちは、まさにそうですよね。グローバルなものを作ろうという目標などなくても、世界基準の価値を世界がつけています。もし、寿司職人が、グローバルなお寿司を作ろうとしたら、それは本末転倒、グローバルな価値からは程遠いものになりそうです。

小澤和尚　禅にローカルもグローバルもありません。しっかりと自分の足元を見据えて、しっかりと歩き続けていれば、いつのまにかグローバルになっているだけ。大切なことを大切にしていれば、世界が目を向けてくれます。それは業界とか分野を問わず言えることでしょう。お寺や神社もそうですよね。グローバルを目指して、日々のお勤めや境内を変えていくのは問題外です。足を削って靴に合わせるようなものです。

大竹　削足適履《さくそくてきり》ですね。

小澤和尚　お寺には脈々と受け継がれてきたものがあります。これからも守っていくべきものがあります。お寺でいえば読経や作務や坐禅や写経などですね。布教や葬儀もそうですね。そういった、一日一日のなすべきことをしっかりと実践していくこと、これが未来にもグローバルにもつながります。

大竹　先に和尚は、点が線になっていくと仰いましたが、留学や国際協力のお仕事の経験は、今どのような形で活かされていますか。

小澤和尚　僧侶になる、と覚悟して少しだけ寂しかったんです。それまでにしてきた海外での出会いがなくなってしまうのではないか、そんな思いでした。しかし面白いことに、不思議と、このお寺に今度はいろいろな国の人が来てくれるようになりました。

お寺の活動を英語で発信したりしたところ、お寺にいながら、日本に住んでいる外国の方、横須賀基地の人、旅行者が来てくれるようになりました。結果オーライとはこういうことか、と実感しています。

大竹　確かに、ローカルもグローバルもない、という感じです。

小澤和尚　グローバル人材という言葉を誰も彼も使いたがりますが、周りがお膳立てしてできるものではないと思います。人任せにしてできるものでは、決してありません。インターネットなどで常に最新情報を得て、アップデートし続けなければならない、これも執着の一つです。インターネット上は、表面的に聞こえのいいもので溢れていますからね。本やセミナーなども同じでしょう。買ってわかったつもりになって、結局なんにも身につかない。

大竹　風邪をひいてしまった時、あれやこれやとインターネットで何時間も費やして、薬やら病院やらを調べているうちに、さらに体調が悪化してしまう。

小澤和尚　一番大切な自分の身体に、無頓着になってしまう。身体の声に耳を傾けましょう。人材も同じです。最先端を称する情報に振り回されるのではなく、自分の感覚を大事にすればいいと思います。

大竹　迷いながらでも、自分の感覚を信じ、自分の足で歩きましょう。

小澤和尚　ないものねだりをしてはいけません。新しい自分、レベルアップした自分という気持ちが出てしまうのは、人間の性ですが、仏教では、人間は不完全であるということが基点になっています。

迷ってもいい

大竹　人は不完全である。お釈迦様も不完全である。

小澤和尚　誰しもが苦しみを抱え、悩みをもち、迷いながらも生きている。だからこそ、生き抜くことが大事です。誰もが完全で楽に生きていけるなら仏教など不要でしょうが、それは心をなくした世界とも言えるでしょう。仏教は、悩みや苦しみをないものにしていくものではありません。それらとうまく向かい合って、うまく付き合っていくことを教えています。だから、迷ったっていい。心をなくした状態でいるより、迷っている自分を温かく見守ってくれるもう一人の自分を信じる、これを仏性とか仏心とも言えますが、それを信じることです。そして、これは本来、誰しも備えているものである。仏教とはこういう教えです。

大竹　迷っている自分を受け入れる。

小澤和尚　これがとても大切です。坐禅でも、自分と向き合いますよね。どうしても揺れ動いてしまう心を、傍目には厳しく、でも深いところでは優しく受け止めていく、坐禅はそういうものだと私は思います。

大竹　ただやみくもに厳しく捨て去ろう、というのではなく。

小澤和尚　まずは受け止めるんです。

大竹　すると、迷ってはダメだと思っていること自体が、迷いにつながっている。

小澤和尚　人間は迷うものである、そこから始めなければなりません。そして、仏教や仏陀がすべてを解決してくれる、なんてこともありません。世界には説明の仕様のない理不尽なことがたくさんあるじゃないですか。

大竹　先ほど伺ったエルサルバドルの状況も、理不尽の極み。しかし、それが紛れもない事実。キャロルだって、なぜそのように生まれてしまったか、なんて説明できません。

生きているだけでもうけもの

小澤和尚　世界に目を向ければ、そのようなことはゴロゴロあるんです。以前の仕事でザンビアに行きました。そこで出会ったのが、やせ衰えてただ死を待っているだけの青年。ＨＩＶウィルスに感染してしまったが、彼のところには薬が届かないため、もう死ぬのを待つしかない。まさに不条理ですよね。

大竹　日本のような安全と言われる国でも不条理は避けられないでしょうし、ヨーロッパやアメリカでは、宗教対立がとんでもない不条理を引き起こしています。

小澤和尚　九・一一同時多発テロで夫君を亡くされた方が、たまたま横須賀の基地にいらっしゃって、坐禅にも来られました。その方の夫君は消防士だったそうです。彼だけでなく、同じマンハッタンに住んでいた友人が、このテロで三十人以上、亡くなられたそうです。一気に、それだけの方を失ってしまったそうです。

大竹　もはや想像を絶する不条理ですね。

小澤和尚　私には伝える言葉などなく、ただもうお話を聞くしかありませんでした。彼女が言うには、ほんとうに辛く苦しかった、涙が止まることなどなく、生きて行く力など湧いてこなかったけど、時間とともにこの痛みを痛みとして受け止めて、自分なりに一所懸命生きていくことしかできないと覚悟したそうです。彼女が生きている、それだけで亡くなられた方の供養になっている。彼女にとって坐禅を組むことは祈りでもありました。

大竹　亡くなられた方は、ただ彼女が生きているだけでいい、そう言ってくれそうですしね。

小澤和尚　そういうものを突き詰めていくと、結局は、生きているだけでありがたいことなんです。生きているだけでもうけもの。迷ったときに、立ち返る原点とでも言いましょうか。

大竹　迷ってもいい、だって生きているんだから。

小澤和尚　生きていること自体が、ありがたいことなんです。私たちは多くの恵みによって生かされています。動植物や、太陽の光や土や水。父母がいて、祖父母がいて、たくさんのご先祖がいて自分が生まれてきている。そうしてようやく、私たちは生きている。ありがたいことです。私たちが生きているということは、それほど奇跡的なこと。それなのに、自分を責めたり、自分の価値を自分で判断したりすることは、このようなご縁や恵みを冒瀆することになるでしょう。

大竹　他人に迷惑にならないよう、自分一人でなんとかしようとしていながら、そういう大切なものを貶めている。

小澤和尚　自分、自分と言ったところで、結局はあなたも私の一部、私もあなたの一部です。禅僧で詩人のティク・ナット・ハンも言っています。「私というものは、私以外の要素で構成されている。あなたも同じ。だから、あなたが自分を責めたり、自分を嫌ったりすることは、あなたが愛する人たちのことも嫌うということになってしまう」

大竹　迷っているときも決して一人ではなく、世界とつながっている、ということですね。

人任せにしない

小澤和尚　人だけでなく自然ともご先祖ともつながっている。だから、大いに迷えばいい。

うまくいっていないとき、とかく私たちは迷います。どうもやり方が間違っているのじゃないかとか、こんなことをやって意味があるのだろうかとか、自分だけとり残されているのじゃないかとか。そんなとき、賢く選ぼうとしてはいけません。もう、ばかになってもがくしかないと思います。

大竹　本来の賢さというのは、そういうところに現れるものではない。要領よくできるだけ効率的に答えを出してしまおう、なんていうのは、小賢しいか小利口なだけ。

小澤和尚　ばかになってもがけばいい。そうすればふっと道が開けてきます。このプロセスが大事です。このプロセスを人任せにしてはいけない。インターネットや本やセミナーなどで安易に解決策を探したり、そんなものにすがったりするよりは、迷いながらも自分の足で歩き続けることです。

大竹　迷ってしまうと早くそこから抜け出したいばかりに、外ばかりにどうしても目が向いてしまいます。

小澤和尚　迷っている道が、きっと宝物になります。そんな大切なことを、人任せにしてはもったいない。右に行こうか、左に行こうか迷ったとき、他人の情報で決定していたら、迷いが深まるばかりです。紆余曲折も、山も谷も、自分の心を鍛えて豊かにしてくれるものです。

大竹　迷うという言葉をそんなイメージに変えていくと、ずいぶん楽しそうですね。

小澤和尚　迷っているときも楽しむこと。楽しく迷えばいい。仏教はそういう智慧や逸話に満ち溢れています。仏教は、迷っている私たちを罰するような教えでもなければ、一気にそんな状況から救ってくれるような教えでもありません。一緒に迷おうよ、という教えです。

大竹　「迷うな」ではなく、「迷っちゃうよね」。それが人間なんだよね、と。

小澤和尚　「語り尽くす山雲海月の情」という言葉があります。山に雲がかかって、海に月が映って、絶対的な大自然のことわりというものです。そういった自然の心情のように、苦楽をともにした者同士として、包み隠すこともなく、なんの打算もなく、取り繕うことなく笑い合えることが素晴らしい。このような心情になれるのは、そこに至るまでの迷いや葛藤や悩みがあるからこそ。

仕事でも学校でも家庭でも、同じことです。迷っているとき決して私たちは一人ではありません。迷っていたこと、迷っていることがあるからこそ、人生は味わい深いものになるんでしょう。

大竹　醍醐味というものですね。

小澤和尚　私が大事にしていることを最後に一つ。どうしてもにっちもさっちもいかないというときもあるでしょう。そういうとき、山雲海月のような大自然の中に生きている自分を意識してみることです。日の光を浴びながら歩いたり、森や海で深呼吸したり、私であれば、本尊様のところへ行きます。あの本尊様、もう八百歳以上です。八百年以上もいろいろな苦楽を見守ってきている。

大竹　不条理をいっぱい見てこられた。

小澤和尚　大自然ってそういうものですよね。私たちのちっぽけな計算なんかでは計り知れないほどのものを見守ってきている。現代では想像もつかない多くの不条理を見守ってきている。人の命が軽い時代にもいらっしゃったわけですから。そんな大きなものに包まれているという感覚を大切にして欲しいですね。理屈ではなく、包まれるという感覚、自然と湧き上がってくる感謝の気持ち、そういうものを実感するには、大自然を肌で感じるような時間が必要でしょう。

迷いはあってしかるべきですが、必要以上に心を囚われそうになってしまったら、自分の原点に立ち戻ればいい。大きなものに包まれている、ちっぽけな自分を感じ取りましょう。

大竹　ちっぽけな自分が、実は、何万ペアという天文学的な奇跡によって生まれる。

小澤和尚　自分を大事にできる人は、父母も友人も、果ては人類そのものを大事にできます。

大竹　それこそ、人類皆兄弟ですね。

小澤和尚　だれも一人では生きていません。一人一人ちっぽけでも、みんなそれぞれ大いなる命によって生かされ、延々と繋がっている。私たちそれぞれがすでに三十六億年の命を持っている、というのは永六輔さんの言葉です。君は三十六億十三歳、僕は三十六億七十三歳、ってところ。「おぎゃあ」と生まれた時に私たちの命が始まったわけではない。これはとても大切な視点です。まさに仏教の智慧ですね。迷っている、迷いの真っ只中でもがいている、そんなときは、永六輔さんのような大きな視点を持ってみるとよいでしょう。

ストレス

神奈川県横浜市・林香寺住職
川野泰周和尚

便利なストレスという用語だが……

大竹　怒りや嫉妬についてはお釈迦さまも助言されている。いっぽうで、ストレスという用語が頻繁に使われるようになったのはここ三、四十年ほど前から。そもそもストレスとはなにか、それもわからないまま、都合よく使われているように感じます。お医者さんに行って、病因はなんでしょうか？　と質問したら、ストレスだよ、と答えられる。なにか釈然としないまま、でもなんとなくほっとする。そもそも、ストレスってなんでしょうか。

川野和尚　ストレスというものは見えないものだから、使い方によっては、話の落とし所としてはぐらかすこともできます。これは医者の都合ですが、患者さんの都合でもあるんですね。患者さんとしては答えが欲しい。病院に行って、原因がわかりません、なんて言われてしまうと、それこそ一番のストレスになってしまいます。胃カメラを飲んでも異常がない、そんな時、内科の先生は、「わかりませんね」と言いたい。でも、患者さんは納得されません。だから、異常がないときには「ストレスが原因なんでしょうね」と答えるようにしている。

大竹　確かに、「原因がわかりません」より、「原因はストレスです」のほうがマシですね。

川野和尚　そうなんです。ストレスはそもそも、精神的負荷なんです。これはネガティブな意味合いに取られがちですが、私たちにとって必要なもの。負荷がなければウェイトトレーニングができないのと同じですよね。ストレスを避けることはできない、だったらそれを活かす方向に転換させることが大切なんです。昨今は、精神的負荷についての考え方がこのように変わってきています。

大竹　やはりストレスを避けることはできないんでしょうか。

川野和尚　残念ながら、生きている限りできないでしょうね。

子供はストレスと無縁

川野和尚　しかし、子供と大人ではこの辺の事情が異なります。子供はストレスをストレスと感じていません。子供は、良くも悪くも、目の前のものしか見ていない。言い方を変えますと、子供はマルチタスクを処理することができないんです。おもちゃで遊んでいればおもちゃに夢中になっています。

大竹 マルチタスクとは、一度にいろいろなことを考えたり、こなしたりすることですね。確かに、子供たちはあるおもちゃへの興味を失ったら、片付けもせずに次のおもちゃへ行ってしまう。

川野和尚 子供の脳は疲労していない。それは目の前のことに集中しているから。理論上、幼児の鬱はありえないわけです。

大竹 大人がストレスを感じるようになるのは、どうしてでしょう。

川野和尚 「しなくてはいけない」という思考と、それをする能力が培われていくからです。マルチタスクに応じる能力が備わっている。子供は本能、感情で生きています。いっぽう、大人になると理性でコントロールしなくてはならない必要が出てくる。たとえば、お饅頭を食べたいという本能と、食べ過ぎると太るという理性。感情と理性という二つのものが登場する時点でマルチタスクは始まっています。小学校高学年くらいでしょうか、そんな環境からからストレスを感じるようになります。

大竹 理性と感情が葛藤したときにストレスが出てくる。

川野和尚　そこがポイントです。子供は泣きたい時に泣くので、ストレスとはいいません。ただ拒否しているだけです。

大竹　子供に鬱がない、とはいえ、最近はどうでしょう。小学生でも鬱になったとか聞くことがあります。やけに大人びている子供に会うこともあります。挨拶もできるし、しっかりしている優等生なんだけれども、なにか活発さに欠けているといいますか……。

一億総アダルトチルドレン

川野和尚　それを私は「一億総アダルトチルドレン」とたとえています。やや乱暴な言い方ではありますが。現代の都会の子供たちは大人の役を演じさせられているんです。子供にまで「しなくてはいけない」という思考を要求するようになってきています。しかも、どんどん要求が厳しくなっている。それはなぜか、といいますと、大人が子供だからなんですね。

大竹　大人の問題が子供に影響しているということですか。

川野和尚　私たちが本当の意味で大人になっていて、感情的にも理性的にも成熟していて、自我が安定していれば、子供に対しておおらかになれるはずです。

大竹　確かに、東京に住んでいると、自分も含めて、大人がいらいらしているな、と感じることがしばしばあります。キレやすいのは子供ではなく大人のほうだと。禅僧はその点どうでしょう。

川野和尚　よく、和尚さんは修行を終えているので、いつでも心が穏やかで何事にも動じないでしょうね、と言われます。しかし、それは間違っています。悟りの境地というのは、今を生きることです。だから自分の感情にも偽りがない。物事のよしあしを自身で判断し、それに偽りなく生きられる人が悟っている人なのではないかと思います。建長寺の老師、禅の指導的立場にある方は、結構、かーっと叱り飛ばします。でも怒ってしまえば、じゃ、夕食の支度をしろ、と後腐れがまったくありません。

大竹　叱ること、怒ることに集中していて、すぐに切り変えてしまわれる。

川野和尚　そうです。一休さんにも、私の大好きなエピソードがあります。ある日、盲目の琵琶法師が平家物語の悲しい一節を語るのを聴いた一休さんは、故郷の母を思って涙したそうです。時の天皇の寵愛を受けながら、宮中を追われ独りわびしく暮らす母を、平家物語の登場人物に重ねたからとされています。この時の一休さんの泣き様は大変激しいもので、一晩中琵琶湖の畔で泣き明かしたそうです。そして翌朝、ハッと我に返った時に、ついに悟りの境地に達したというのです。まさに、泣く時、悲しむ時は一所懸命に泣き悲しんだ。一休さんの真っ直ぐな生きざまを良く表した逸話です。

大竹　「今を生きる」ということができれば、ストレスが問題にならない。子育てにおけるストレスや、親子関係のストレスは変化してきていますか。

川野和尚　核家族で相談できる年長者もいないという環境で、どのように子育てするかという問題がお母さんたちを押しつぶしています。だから、子供に対して厳しくするしかない。しかも、お母さんたちにも心の幹がない。心を安定させておくための地盤の部分が、十分に固められないまま親世代になった人がたくさんいらっしゃいます。だから、自分にとって都合が悪いことが起きた時に、そのことを子供のせいにして、子供をとがめてしまう。

大竹　現代のお母さんたちには、あれやこれや、しなくてはいけないことがあり過ぎる。

川野和尚　マルチタスクの弊害によるストレスが増えている。それともう一つ、ストレスに対する対処の仕方がすごく拙くなってきています。たとえば、本人も意識しないまま、人のせいにするような防衛をしてしまう。

子育てにはアダルトチルドレン現象がはっきりと現れます。私の勤務するクリニックでもたくさんの子供たちを診ています。でも、子供たちを診ているだけでは多くの場合、回復を得ることは難しいことを実感しています。親御さんが少しずつでも変わってゆくことが、子供本人の一番の治療になります。子供にどんな薬を使ってもぜんぜん効かなかったのに、親が変わったらすぐに治ってしまったという事例はたくさんあります。

大竹 お利口さん、といわれる子供たちでも、実は大人からの要求にただ従うだけで、しっかりと咀嚼できていない、ということもありそうです。

川野和尚 摂食障害が起きたり、朝起きられなかったり、自律神経失調症になって学校へ行けなかったり、そのような問題は、「しなくてはいけない」ということを理解するまで知能が達していないのに、そうさせようと無理強いするから、そこに生じるストレスが限界に達しているんです。

大竹 そうするとやはり、すべては僕たち大人が問題のようです。どのようにストレスを軽減していけばいいのでしょう。

ストレスを軽減するのではなく、ストレスによる疲労を軽減する

川野和尚　ストレスを軽減するのではなく、ストレスによる疲労を軽減することです。同じストレスが入ってきても、それをどのように対処するか、ここが大事です。

大竹　減らすべきは、ストレスによる疲労ですね。

川野和尚　ストレスをなくそうという戦略は間違っていると思います。ストレスなくして人間は生きていけません。ストレスがあるから、ストレス耐性ができ、ストレスの対処ができるようになって、私たちは成熟していきます。ストレスというものとどのように向き合っていくかが禅的な考え方です。

大竹　禅僧であり、医師でもあるという、まさに八面六臂《はちめんろっぴ》を実践されているのですが、禅の修行の前後でどのような変化がありましたか。

川野和尚　一日中、診療をしていて疲れているはずなのに、不思議と前よりも足取りが軽

いことに気付きました。

大竹　それはまた素晴らしい。

川野和尚　お寺のお勤めと合わせれば、修行に行く前よりもはるかに多い仕事量ですが、今の方が疲れません。医師として診療するときは、朝十時から夜九時くらいまでノンストップでやります。しかも精神科・心療内科ですから、患者さんのお話を聴き、対話の中での診察が重要です。これは私自身への日々の戒めとしているところですが、患者さんは物ではありません。精神科では、病気を見るのではなく人を見なければいけない。それができるかできないかが、患者さんの予後につながってきます。

大竹　確かに。医師のアドバイスは、極論すれば、患者さんの生死に関わってきますよね。

川野和尚　通院をするかどうかの決定的条件が、医師が親身になって話を聞いてくれるかどうかです。このような共感の姿勢で臨むとき、どうしても体力と精神力が必要になってきます。僧堂での修行を経験して自分の信念を見直しました。修行に行く前は病気しか見ていなかった。なんの薬を出すか、そのことばかり考えていた。薬を出さないと診察は終わりません。マインドセットが変化したのは修行によるところが大きいと感じています。禅の修行は、物であっても人であっても、目の前にあるものと一所懸命に向き合わせるんです。修行に行く前の六年間を振り返って、目の前の患者さんと向き合えてなかったな、と反省したわけです。

大竹　そして、三十代になった今のほうが、二十代のころより疲れない。これはどういうことでしょう。体力自体は衰えているはずなんですが。

川野和尚　修行に行く前は、毎日へとへと、ふらふらになっていた私が、いまや足取り軽く元気に帰ってこられる。これは、「心の在りよう」を禅から学ばせていただいたからなのではないかと思っています。

大竹　ストレスをなくそう、ストレスを減らそうとすることではなく、同じストレスがかかってきたときに、それをどうするか、が大切なんですね。ストレスをいなす、とでも言いましょうか。

川野和尚　「いなす」ということから、合気道や剣道が連想されます。たとえば、江戸時代の剣豪、柳生宗矩と、沢庵禅師のお話です。「不動智」という言葉があります。動き回っているのにすぐに対処できる状態を不動智と言います。沢庵禅師に柳生宗矩は教えを受けて、この不動智という剣の極致に至ったそうです。相手がどんな手を打ってきてもすぐに返せる。不動と言いながら動いている。このような動きの中に禅はあります。

大竹　ストレスをあまりに背負いすぎていると、動こうとしても動けず、ストレスにすぐにやられてしまう、ということでしょうか。

川野和尚　ストレスに対する雑念が頭の中では動き回っているのに、身体も心も機転が利かない。雑念にがんじがらめになっている状態です。不動智のように、物事に集中していてどのような状況にも対処できるとき、脳の外側、具体的には前頭葉や後頭葉の外側のあたりが働いています。その実行機能を「セントラル・エグゼクティブ・ネットワーク」と言います。いっぽう、雑念だらけのときは脳の中央寄りの部分、後部帯状回とか前頭前皮質が過剰活動状態になっています。そうすると、エネルギー消費だけが進んでいきます。脳の外側はエネルギー効率がいいので、脳も疲れない。これが、やりがいを感じる脳の状態です。

大竹　柳生宗矩ほどのレベルでなくても、修行することで科学的にも実証される脳の効率化を図れるようですね。修行中にストレスは感じられましたか。

和尚の修行時代

川野和尚　何をやっても怒られるんじゃないか、というストレスはいつもありました。一切包丁を持ったこともない人間が典座《てんぞ》や隠侍《いんじ》のお役目を授かったものですから。典座を半年、隠侍を一年やらせていただきました。この一年半、なにが大変だったかといいますと、料理との闘いです。野菜ひとつ切ったことがない人間ですから。

大竹　それは先輩が教えてくれるんですか。

川野和尚　教えてくれません。調べてやれ、というわけです。そして失敗したら怒られる。納屋の裏に行って料理の本を見ながらいろいろやるんですが、時間が足りません。当時は、十五〜二十人分くらいの料理を毎日三食、一人で作っていました。同じ典座の寮頭さん（班長さん）に一つ上の先輩がいまして、夕食直前に、作業が終わっているか聞きに来るんです。すいません、間に合いませんでした、と言いますと、そこから三十分くらいわぁっと手伝ってくれて、ようやく間に合う。そのときは自分の無力さ、申し訳なさ、惨めな気持ちでいっぱいでした。

大竹　みなさんの期待に応えられないというのがストレスになる。

川野和尚　托鉢や作務を終えてくる人たちに、お腹を満たしてもらいたい。それができないとは不甲斐ないですよね。典座という役目がどれほど大切か思い知らされました。まさに「陰徳を積む」ということです。

六祖慧能《ろくそえのう》は飯炊き慧能とも呼ばれていましたが、無学文盲、お経の意味も分からなければ、禅の書物も読むことができない。しかし、彼こそ達磨さんの法を継ぐ六代目の禅師となったわけですよね。それがよくわかります。典座は一日料理を作っているだけですから当番の日は坐禅もほとんどしません。でも、坐禅はしなくても禅はできる。このことがよくわかりました。

大竹　美味しいご飯を食べれば一日の疲れは吹っ飛びます。

川野和尚　もし、ご飯を焦がしてしまったら、火が通っていないご飯を出してしまったら、みんなそんなものでお腹を満たすしかない。間食とかおやつとかないですから。

大竹　責任重大ですが、できないところでうろうろしていても仕方ない。

川野和尚　やるしかない、という心境になるとストレスから解放されます。うまくいかない、と思い悩んでいてもストレスは溜まる一方ですが、とりあえず動いてみる。仕事の効率は人それぞれですが、一所懸命はだれでもできます。脇目もふらず取り組んでいる状態が、私たちが心地よく力を発揮している状態です。楽な仕事では一所懸命にはなりません。ちょっと無理をすることが大事です。やはり、ストレスがかかっていなければならない。こういう適度なストレスは私たちの背中を押してくれるんですね。

大竹　一所懸命やる、これは僕たちでもできる修行です。

川野和尚　まさにそうです。

大竹　さきほど、「心の在りよう」が禅だということでしたが、禅は心の病の処方箋にもなっています。薬不要の処方箋。

川野和尚　私などはまだまだ修行不足ですが、それでも禅の修行をすると、少しずつ、心の在り方がわかってきます。人の心を察することを苦手とする自閉症スペクトラムという障害の人たちが、禅の修行のエッセンスを用いた治療を受けることで、少しずつでも共感性を育むことができるようになった事例も報告されているんです。これを当たり前のようにやっていたのが禅です。

妄念は地獄、正念は極楽

川野和尚　言い方を変えますと、「ものごとをありのままに見つめる目」というものが禅だと思います。世の中のものは全て、私たちの心が「妄念」か「正念」かのどちらかで捉えて作り出しているもの。江戸時代に白隠《はくいん》禅師も全く同じようにおっしゃっています。妄念でものを見ればこの世は地獄になり、正念でものを見ればたちどころに極楽になる。

いま、非常に多くのお仕事をいただいていますが、あの修行がなかったらこの状況は乗り切れていないと思います。一つ一つの仕事を、やりがいをもってできるのは、未熟なりにも修行が生かされているということなのでしょう。修行ではいつも追われてばかり、怒られてばかりなんですが、だからといって明日のことをシミュレーションしていると、目の前のことがうまくいかなくなる。妄念とは、過ぎ去ったことや、まだ起きてもいないことに心が奪われ、さまようことです。過去と未来を案じる、これは人間に与えられた機能ですし、それによって進歩もあるわけですが、それが過ぎるといわゆる、意馬心猿《いばしんえん》になってしまいます。妄念ですね。雑念の中で脳がただただ疲労していく状態です。

大竹　では、正念とはどういうものでしょう。

川野和尚　まさに、「あるがまま、なすがままに受け止めること」という、禅の境涯そのものでしょう。私たちは何かに直面したとき、無意識のうちに、脳の中の海馬という器官にある記憶の保存庫から過去に経験した同じような場面のデータを引っ張り出してきて、いま現実に起きている物事に当てはめようとしてしまいます。同じ失敗を繰り返すのはこのためですね。正念とは、今起きていることは今起きていることとして、過去からも未来からも切り離して、ありのままに、オープンな心で眺めてみるという、ものごとの見方そのものです。

和尚の幼児期と青年期

大竹　和尚が初めてストレスを感じたことを覚えていますか。

川野和尚　まずは、七歳か八歳のころのピアノのレッスンですね。ピアノをやりたいと自分から言いだしましたが、だんだんお稽古が面倒になってくる。仲の良い同級生はだれもピアノを習っておらず、学校が終わると楽しそうに遊んでいましたし。しかも年に二回、発表会がありまして、その練習をするのがほんとうに嫌でした。

もう一つは、医師国家試験のときです。もともとじっと座って勉強するのが好きではなかった私にとっては、医学部の六年次は最もたくさん勉強しなければならない一年間でした。これまでの人生でのストレスのピークだと思います。

大竹　ストレスと感じるそのような期間を、どのように乗り越えられたのでしょう。

川野和尚　たとえば、ピアノの練習のときは、練習時間を決めてそれ以外では好きなことをしていました。水遊びが好きでしたのでプールに行って帰ってきて三十分はピアノの練習をする。またそこで頑張れば、他の楽しいことが待っている。

大竹　ここを頑張ればいいことが待っている、と考える。

川野和尚　子供にとっては報酬というものはある程度必要だと思います。もうひとつ大切なのは、切り替えです。切り替えることによってストレスを連続させないようにする。持続的なストレスがかかると身体に弊害が出てきます。子供は切り替え上手です。いつまでも悩んだりせず、楽しいことがあると忘れてしまう。

大竹　そうすると、小学生だった和尚にとって、ピアノの練習は嫌だったけどストレスのいなし方を初めて学んだきっかけだったということですね。

川野和尚　そうですね。

大竹　では、大学生の医師国家試験のときはどうでしょう。

川野和尚　当時は、バンド活動と陸上が好きだったんですが、練習していてもふとしたきっかけで試験のことが頭をよぎるのです。それでも、バンドと陸上の練習があったおかげで、ストレスは感じていたのですが乗り切れたのだと思います。心を病んでしまって試験を受けられなかった学生も、他の学年にはいたと聞きました。

大竹　ストレスを心で受け流すことができずに溜め込んでしまったのでしょうか。

川野和尚　そうでしょうね。

「自分」という問題

川野和尚　自分がやってきたことの意味がなくなってしまうかもしれない、これはすごく怖いことです。自己否定は、自分というものの存在意義を、自分がやってきたこと、経験してきたことの意義と同列にしてしまうから起こるのです。

大竹　どうやらこの、「自分」というもののありようが問題になっているようです。

川野和尚　自分という存在への固執が、人間関係におけるストレスの根本にあります。具体的に言いますと、承認欲求です。自分という存在が揺らぎそうになると、人間は不安や怒りを覚えます。このような欲求を自己愛とも表現できるでしょう。禅はこのような自己愛のブロックを取り去ります。他者から認められるか否かで自己価値を決定してしまう心のクセを薄くしてゆき、あるがままの自己を、自分自身で認めてあげられるようになってゆくのです。

大竹　自己愛は、承認欲求と同じくらい、支配欲にも関わっていると思います。他人をコントロールし、自分をコントロールしたいという欲求。しかし、現代はだれもが「自分」を頑として放さないので、そんな欲求はそうそう満たされない。だから、世にいらいらや不安が蔓延していると言えないでしょうか。

川野和尚　そのような不安がストレスの根源にあると思います。不安から全ては始まっています。不安の矛先が自分に向くと寂しさにつながり、他人に向くと怒りになります。ストレスと不安は直結していると考えられますね。

大竹　ということは、自分も他人もこのままでいいと悟れる人には、不安もストレスもないのでしょうか。

川野和尚　ありません。そこから展開しますと、いらいらする、怒りっぽいというのは、共感する力が乏しくなっているからとも言えます。嫌いな上司がいた場合、反感で返すのではなく、慈悲の気持ちで返してあげられたら、そこに苦しみは生じなくなる。そのような心の変化は抗うつ薬では得られません。

大竹　共感力を高めるために嫌いな人を演じるというワークショップを耳にしたことがあります。これは夫婦でも使えるようです。相手の嫌な行動、性格、声などをしっかり演じるのが要だそうです。そうすると、嫌いだという感情を相対的に捉えられるといいますか、ああ、あいつも大変だな、と感じられるそうです。嫌いな人のことを愚痴るのは簡単ですが、嫌いな人を演じるのは意外と大変なことは容易に想像がつきます。

川野和尚　演じることで、嫌だという感覚も薄れてくるでしょう。悪しき自己愛は、自分を否定されることを拒みます。だから他人を否定しようとする。

大竹　自分の不安や怒りをだれかのせいにする、それが悪しき自己愛というところでしょうか。共感力も欠如しますよね。自分を傷つけるだれかを探しているのだけれど、実は常に自分が傷ついている。自己愛的人間をこのように説明できそうです。

川野和尚　いらいらする、怒りっぽいというのは、相手にいらいらしているのではなく、自分にいらいらしているからです。心には、悪者である自分とそれを責める自分と、そして賢者の自分がいると言われています。悪者である自分は、自分を責める自分から、「お前はこれこれだからいけないんだ！」と責め立てられます。しかしもう一人、賢者の自分がいて、「そうは言うけれど、人間なんだから」となだめてくれる。そうすると中庸な自分が生まれてきて、自分を許せるようになってきます。中庸を生きられない人は、白黒つけられないことに不安になってしまう。その不安が自分を傷つけさせたり、他人を傷つけさせたりします。

大竹　患者さんでも、白黒つけないと気が済まない、ある意味真面目な方が多いのでしょうか。

川野和尚　たしかに多いです。感情には必ず両価性、愛と憎しみのように相反するものが同時に存在していることがあります。心理学でいう「アンビバレンス」です。そのグレーゾーンの中でうまい具合に生きて行くのが日本の真正の智慧だったのですが、欧米化された思考が導入されたせいで、多くの日本人がついていけなくなっていると思います。

大竹　グレーゾーンという曖昧さの中で生きられない。

川野和尚　仏教はグレーゾーンを決して否定しません。お釈迦様も、苦行のように痛めつけるのでもなく、さりとて甘やかしもしない、というのを大事にしたのですから。グレーゾーンを受け入れるという禅的な心の作法が磨かれている人は、わからないことがあってもそれを許してあげられます。この受け入れができない大人は自責に走ってしまうことが多いのです。自責という落とし所を作ってしまう。言い換えると、自責的合理化です。

大竹　中庸やグレーゾーンを生きられない大人、という問題は親子関係にも影響していますか。

川野和尚　もちろんです。親の期待に応えたいという気持ちが満たされないまま大人になると、そのストレスは暴言や暴力として現れます。自分へ向くと自傷行為や自殺企図につながり、外へ向くと我が子への暴力につながります。このストレスは悪い連鎖を生みます。

大竹　悪しき自己愛とは、自己を傷つける自己愛とでも言えますね。

川野和尚　この問題は、世代を越えていくので根が深いです。歪んだ自己愛の連鎖が、親から子へ、虐待やネグレクト（育児放棄）という表現形式で伝わってゆくこの現象を、「葛藤の世代間伝達」と言います。そういう人たちがこの悲しい連鎖を自らの代でストップさせるのに必要なのが、「セルフコンパッション」です。

大竹　自分に対する慈しみ、ですね。

川野和尚　このようなセルフコンパッション、すなわち「慈悲心」こそ仏教の本質です。自利利他の精神の体現です。まず自利があって利他があるということです。利他行だけしろと言われても、ただのきれいごとになってしまいます。

大竹　偽善になってしまう。

川野和尚　被災地にボランティアに行って鬱になってしまう人たちがいました。話を聞くと、被災された方たちから冷たくあしらわれて、がっくりしてしまったというんです。感謝されないと耐えられなくなってしまう。これはセルフコンパッションが欠けていることに理由があります。

大竹　特に日本人は、感謝の言葉にこだわります。とにかく、感謝しろ、と。

川野和尚　自分への慈悲心、つまり自悲心があれば、感謝の言葉のあるなしに気持ちが左右されません。「家族や友人を亡くして、ありがとうの言葉も言えないくらい辛いに違いない」と相手の立場になって、相手に共感できるはずです。セルフコンパッションは健全な自己愛と呼べるでしょう。自分を支えるための自己愛です。それが健康に育っているのか、ゆがんで育っているのか、親子関係がこの決定的な要因になります。

大竹　自分を愛せない人が他人を愛せるか、という文学作品にもなるテーマです。自己愛は、自己承認欲求とどのように関わってくるでしょうか。

川野和尚　自己愛がゆがむと、自己承認欲求の塊になります。どんなものにも満足できない、一生満足できない承認欲求です。もっともっと、となってしまうものです。他人の評価によって自分が規定されてしまう、とても寂しいもの。

大竹　健全な自己愛の人は、自分への慈悲があるからこそ、共感性も豊かで、他人との関係も健全です。そもそも他人による承認を求めなくて、自分への慈しみがあるのですから。

川野和尚　そこにお釈迦様のメッセージがあると私は考えます。自分を慈しんだら、悟りが開けた。それを人に教えるつもりはなかったが、梵天にお願いをされて人に教えるようになった。

「行入」の大切さ

大竹　セルフコンパッション、あるいは「心の在りよう」が大切だ、とアドバイスされると、確かにそうか、と思います。しかし、具体的になにをすればよいのでしょう。たとえば、明るい性格になりましょう、感謝できるようになりましょう、と言われても、性格などそんなに変わらないという反論が出てきそうです。明るくなりましょうと言われるより、靴を揃えよう、朝起きたらカーテンを開けよう、というほうが効果的だと思うのですが、いかがでしょう。

川野和尚　それらの行為の意味が、後からわかってくる。続けることで、結果的に明るくなったり、感謝できるようになったりする。このような行為を、行入と言います。私は行入こそが、ストレスに挫けそうなときに救いの手を差し伸べてくれると思っています。それに対して、「認知療法」は理入なんです。これはアメリカ発祥の心理療法で、うつ病や不安障害に対して効果的であるというエビデンスが確立され、日本でも保険適用で治療を受けられるようになりました。この「認知療法」は理屈から入ってくるものです。理入は知的にストレスを乗り越えてゆく方法として、とても有効です。でも、心が潰れそうな状態に瀕している、余裕のない人にはとても難しい。そんな理屈を言う前に、この状況をなんとかしてくれ、そんな患者さんの心の叫びが聞こえてきます。

認知行動療法を提供できる医師は、実際には充足しているとは言えない状況です。都市部のクリニックなど、まさに精神医療の最前線で多忙な診療を続けている先生方は、一人一人の患者さんに自らの手で認知行動療法を提供するのは、どれほど大変なことかを実感しています。今こそ、行入に立ち返ってみる時だと思いますね。

大竹　行入が決め手となるようですが、どのようなアドバイスを患者さんにされますか。

川野和尚　まず食べ方を変えてみましょう。最初の三口を、目を閉じて、全身全霊で一生懸命に味わってみてください。それを一週間続けてください、と言います。これを行うことで、実際に患者さんたちは変化していきます。

大竹　医師としてより、禅僧として患者さんに向かいあっているように感じます。もちろんお医者さんなのですが。

川野和尚　処方とは名ばかりで、コストは一切、かかりません。継続的に食べ方を変えてみることで、食べられることへの感謝が生まれてきます。禅の修行道場には厳しい食事作法があります。箸の音すら立てられません。お椀を手に取る順序、姿勢、食べるペースに至るまで、厳格に決められています。動きの細部にまで神経を研ぎ澄ませることで、食に集中しろということですね。

大竹　そのような行入によって、食べられることがどれほどありがたいかとか、後から気づかされる。ただ理屈で感謝しろと言われても、その心は目に見えないですから、口先だけになりかねません。

川野和尚　禅について触れた本にはしばしば、感謝するように、と書かれていますが、これが難しい。私の患者さんにとっては、特に。わかるんだけれども、そんな余裕はない、という反論をたくさんいただきました。それができなくて困っている人たちは、どうすればいいのでしょう。ならば、感謝することなど後回しにして、まず、目の前にあることへ全力で集中してみましょう。

大竹 子供への姿勢も同じでしょうね。感謝の作文を書く課題がありますが、感謝しなさいと強いるより、まずは親や大人の日々の行為を見直すべきなのでしょう。たとえば、夕食のとき、食事や会話に集中しているのか、あるいはテレビやスマートフォンを見ながら食べているのか。感謝できる人は、強制されなくても感謝できますからね。

川野和尚 理入では感謝は身につきません。感謝云々より、まずは日常生活に行入の時間を取り入れましょう。たとえば、歯磨きをするとき、ぼんやりと習慣的にやるのではなく、歯をきれいにすることに集中して三分、歯磨きをしてみる。テレビを見たり、なにか他のことをしたりしながら歯磨きをするのではなく、歯磨きに集中するんです。そうすると、歯が元気でよかったな、歯でものが噛めてよかったな、とだんだん思うようになってくる。

大竹 当たり前のことに感謝できるようになってくる。

川野和尚 そういったことがなかなかできていない毎日だから、私たちは実際にそれを失わないと感謝の気持ちに気づくことができません。感謝しなさいという前に、まずは当たり前のようにやっていたことを、全力でやってみることが大事です。

大竹 歯磨きはだれでも毎日最低一度はするでしょうから、行入として取り組み易い。他にはどのようなオススメの行入がありますか。

ストレスに効くオススメ行入

川野和尚 歩くことも行入の一つです。

大竹 それは、通勤通学の際も含めてですか。

川野和尚 むしろ、こちらが大切です。日々、当たり前のようにしていることに行入を取り入れていきましょう。曹洞宗の禅でも臨済宗の禅でも、経行《きょうぎょう》というものをやりますよね。これは歩ける、走れるという喜びを思い出すための修行なんです。経行が坐禅の続きだというのはそういう理由です。

大竹 散歩でも行入になりそうです。ポイントはどんなところでしょう。

川野和尚　ながらをしないことです。スマホはもちろんのこと、イヤホンで音楽を聞くのも止め、雑踏や通りの音を聞きながら、足で感じる重力に注意を向けます。右、左、右、左と、接地している足の裏の感覚に集中しながら歩きましょう。

大竹　イヤホンで音楽を聞きながらではなぜだめなんでしょう。

川野和尚　それが受動的な刺激だからです。テレビやスマホはマルチタスク向きのツールですが、すべて受動的な刺激を与えるものです。これではストレスによって脳は疲労するいっぽうです。

大竹　行入は主体的なものだからこそ、集中できるし、脳も疲れないのですね。

川野和尚　歩きながら風の匂いや色を感じる。これは主体的な感覚であり、目に入ってくる印象の深いものを感じているのです。そうすると、普段は感じ取れなかった色合いの違いにも気がつくようになります。

大竹　そのほかにオススメの行入はありますか。

川野和尚　靴磨きも行入としてオススメです。家で三分、時間を決めて靴を磨きましょう。面倒くさくてもやってみる。靴磨きは心を整えます。家の掃除となるとどこから掃除したらよいかわからないし、どこまでやったらよいかわからないけれども、自分の履いた靴を磨くだけでいいんです。これまた、テレビを見ながら、音楽を聞きながらではなく、自分の足を守ってくれた靴に気持ちを込めて磨いてください。これは効果抜群です。私は診療に出かける時は必ず革靴を履いていきます。そして家を出る前に心をこめて靴を磨く。そうすることで脳が「診療モード」にセットされ、その日一日、しっかりと患者さんに向き合うことができるんです。

大竹　人柄を見るには服より靴を見ろ、と言われていますしね。

川野和尚　お風呂も行入になります。身体に泡や水が流れていくのを感じながら、身体を洗いましょう。最近はテレビ付きのお風呂も増えてきましたが、テレビを見ながらお風呂に入るのは、行入にはなりません。声を出すこと、歌を歌うことも行入になります。ほんとうは読経をお願いしたいところですが、なかなか難しいので、歌で構いません。

大竹　和尚さまたちがなぜ健康なのか。どうやら声を出すことにあるらしい、と聞いた事があります。

川野和尚　好きな歌をカラオケボックスで、一人で、歌えばいい。本気で歌いましょう。

大竹　書道はどうでしょう。

川野和尚　一心不乱に書くとなると写経がよいでしょう。

大竹　食事、歯磨き、ウォーキング、靴磨き、お風呂、カラオケ、そして写経。どれも日々の実践として難しくなく、オススメできますね。

行入の秘訣

大竹　ところで、さきほど、ながらでは行入にならない、受動的な刺激では行入にならない、ということがありましたが、行入を実践していくことで気をつけることはありますか。

川野和尚　たとえば、カラオケ行入においては点数をつけないことです。点数をつけるとなると、音が外れないようにとか、歌う事以外に意識を向けますので、マルチタスクになってしまいます。手紙を書くよりも写経のほうが行入に適しているのは、目的をもたないことが大切だからです。手紙を行入にしていては、やはり脳が疲れてしまうでしょう。行入はシンプルな行為で、それ以外の目的をもってはいけません。

大竹　いわゆる、自己目的な行動ですね。

川野和尚　そして、その行為や感じたことを評価しないのが大事です。よくできたとかまずかったとか考えないようにしましょう。坐禅も行入も手放すことによって得られるものなんです。得ようという意識をあらかじめもっていてはだめなんです。病気を治そうと思って坐禅をしても効果はありません。持続的に坐禅や行入をすることで、悩みが悩みでなくなってきます。それが本来の坐禅。何かを得ようと思って行入してはいけません。カラオケで満点とろうとしたら行入にはならない、というのはこういうわけですね。さきほどは挙げませんでしたが、野球やゴルフの素振りなども行入になります。スポーツもまた、勝ち負けではなくただスポーツを楽しめればいいのですが、それは少し難しい。だから素振りのほうが適しています。これは私の勝手な推測ですが、野球選手たちがあれほど素振りを大切にするのは、もちろん基礎トレーニングとしても重要なんでしょうが、素振りをしているうちに心が整ってくるのを体験しているのだと思います。

大竹　歌うなら歌う以外の目的を持たず、出来不出来を点数化しようとしないということですね。他にはどうでしょう。

川野和尚　何が一番大事か、と言われたら、やはり、続けることです。やったりやらなかったり、というのでは効果がでません。毎日続けることが大切です。継続してやることで、脳の機能が変化していきます。最新の研究では、脳機能だけでなく、脳の形態まで変化していくそうです。偏桃体が縮小して、海馬や島皮質が増大するのですね。扁桃体というのは、不安や恐怖、悲しみといった感情をつかさどる脳の中枢です。海馬は記憶に関わるだけでなく、ストレスに対して生じる感情を調整する力を持っています。そして島皮質は、人の気持ちを察する、共感性に大きく関与する部位と考えられています。

大竹　形が変化するというのはすごい。

川野和尚　毎日続けられた人のデータです。

大竹　まさに継続は力なり。このような行入をすることで、患者さんの発言や心にどのような変化が現れるのでしょう。

川野和尚　「あのときはすごいストレスだったものが、ストレスじゃなくなった」「状況は変わらないけど、そんなに気にしていない」と言われます。私の言葉にしますと、同じストレスでも対処できる力がついたということでしょう。ストレスに心が折れることなく、むしろそれを糧としてさらなる精神的成長をとげてゆく。これをレジリエンスといいます。しかし、患者さんたちは最初のうち、行入のおかげで自分が変わったと思っていません。

大竹　靴磨きと上司とうまくやれるようになったことが結びつかない。

川野和尚　そう、それがまたいいんです。靴磨きを治療的行為という形に無理やりしてしまわず、むしろ、靴磨きによって回復したと思わせないほうがいい。これが本当の効果の証明だし、これが禅です。「治療効果が非常に高い、〇〇療法を提供します」と言われたら、それだけよくなった気になってしまいます。そんな立派なネーミングがない靴磨きでストレスをいなせるようになるのですから、本当に意義のあることだと思います。

大竹　捨てさせていくのが禅なのですから、当初の目的達成、なんて言ってたら本末転倒になってしまいます。

川野和尚　仰る通りです。

恨み

神奈川県伊勢原市・能満寺住職
松本隆行和尚

いじめられて気がついた……

大竹　恨みといいますと、さまざまなレベルのものがあります。個人的な恨みから、集団的な恨み、国家的な恨みまでありますね。禅僧である松本和尚には、個人的な恨みに絞ってお話を伺いたいと思います。

松本和尚　嫉妬よりも、どこかしら、秘められている感じがしますね。

大竹　嫉妬された、って笑い話にもなりますが、恨まれた、なんてあまりぞっとしないです。僕は、恨まれたことがあるかはわかりませんが、恨んだことはあります。中学校でいじめられたこと、これが僕には一つの恨みの体験になっています。たとえば、体育の時にボールが回ってこない、僕の写真に画鋲が刺される、自転車がドブに捨てられる、一番辛かったのは、集団で無視されたことです。給食の時間などは、地獄のようでした。

松本和尚　私も小学生のころにいじめられました。恨みは表にあまり出せないという特徴がありますよね。いじめによる恨みもそうです。いまでもいじめ問題はしばしば議論されますが、当時はまったく環境整備がされておらず、だれかに相談できるようなものではなかったです。

掃除の時、教室の前後に机と椅子を寄せますよね。片付けられたその机と椅子が、教室に戻ってくると私のだけそのままにされていたり……そんないじめが続いて、どこかウツウツとした気持ちでずっといました。

大竹　いじめてきた子たちに対してですか。

松本和尚　そうですね。恨んでいたと思います。いつか見返してやる、そんな気持ちだったのですが、その結末はちょっとガックリするものでした。卒業文集で、クラスの全員が、クラスメートそれぞれにコメントを書くページがありました。そこを読んでみると、私をいじめていた女子数名が、「別に私は気にしてないから」みたいなことを書いている。

大竹　いじめていた相手が、別に気にしてない……とは。

松本和尚　そうなんです。向こうがいじめているわけですが、「別に気にしていない……」なんてこと書いていたんですね。いや、気にしていないのはこっちのセリフだよな……なんて思うことがありました。そのとき、恨みというのは、こっちが思っているのと、向こうで考えているのでは全然違うんだなと思い知らされました。

大竹　僕の場合でも、厄年の集まりがきっかけで二十数年ぶりに帰省したときに、いじめていた連中と再会しましたが、彼らは普通に接してきましたね。

松本和尚　同窓会アルアルですね。

大竹　いじめてきたヤツは、彼と彼と彼で……どんなことをされたか、というのを具体的に覚えているんですが、どうもいじめてきた相手は覚えていない。気にしていない。

松本和尚　「気にしていないから」はこっちのセリフですよね。

大竹　すごいズレです。ところで、僕のケースでは、なんとなく雰囲気に流されて僕を無視していたクラスメートがいました。和尚は、消極的に関わってしまった人たちへの恨みはありましたか？

松本和尚　それはないです。そこに悪意を感じるからこそ、恨みは生まれるんです。なんらかの危害を与えてやろうとする相手の意思、積極性を感じないと、恨みは生まれないでしょうね。

ある「思い込み」が恨みを生む

松本和尚　たとえば、こんな話があります。大学を留年になった仲間がいました。彼は留年させた教授を恨んでいる、そう言い続けていた。でも、先生には悪意はない。むしろ、教務課から、全員合格出すなんてとんでもない、一割は必ず落第させるようにと圧力をかけられていたらしい。そんなことがわかってくると、今度は教務課を恨むようになる。でもそんな教務課にも事情というか、大学の方針とかいろいろあるわけですね。その教務課の人が、個人的な事由から彼を落第させたわけではない。そんなことがわかってきて、もはや誰を恨んでいいかわからなくなってしまったそうです。

大竹　仕返しをする対象を失ってしまった。

松本和尚　それと、「予定通り」にいかなかった、ということがもう一つのポイントです。

大竹　「予定通り」とは。

松本和尚　修行道場では予定を立てません。いや、予定を立てないというか、予定は立っているけれども、それは知らされない。明日の予定は幹部しか知らない。去年はコレをやってたから明日もそうかな……なんて当たりをつけたりしますが、詳細は分かりません。

大竹　なぜ、そんなことをするのでしょう。

松本和尚　修行道場では、たとえば、誰かが荷担先で住職を怒らせちゃった場合、「お前ら全員、謹慎していろ！」と連帯責任になる。あるいは、台風とかがあると休みの日がチャラになったりする。そうすると、そんなことをやらかした仲間に対して、「せっかく外に出られるチャンスだったのに」とか、ちょっと恨みに思うわけです。「なんだよ、クソ台風！」とかね。

大竹　確かに。

松本和尚　つまり、自分が予定していたこと、こうあるべきだと想定していたものが覆される。じゃあその原因は誰なんだってなってしまう。でも、道場では予定が立っていない。

大竹　知らされていないわけですから。

松本和尚　知ってちゃいけない。だから、外出できなくなったとしても、けっきょくは、誰かを責めるわけにも、恨むわけにもいかない。予定通りいかなかったことが侵害されると、恨みが生まれます。

大竹　留年の話では、進級できる、卒業できるという予定が立っているから、それができなくなったことに腹を立ててしまう。そして、そんなことになった原因は誰だってなる。

松本和尚　犯人探しです。

大竹　でも、卒業できるかどうかもわからないわけですよね。

松本和尚　そんな学生にとっては、落第させられたからって恨むわけにはいかない。卒業の予定がないわけですから。自分が「こうであるべき」と決めた予定が、思い通りにいかないと恨んでしまう。

大竹　いじめに関してはどうでしょう。

松本和尚　たとえば、みんなと仲良く遊べる、みんなとうまく付き合っていけるはずだ、こんなふうに思い描いていた学生生活ができなくなってしまった。自分が「こうであるはずだ」と決めていることに関して、外からの力でねじ曲げられると、恨みにつながるのでしょう。

大竹　あらかじめ「こうあるべき」と決めつけていると、恨みが生まれやすいということですね。

松本和尚　そうです。

大竹　起こりうるあらゆることを肯定する、そんな余裕のある心には、恨みは無縁なのでしょう。いじめに遭うこともあるかもしれない、と想定しておけばいい。

松本和尚　そうすれば、相手を恨むことはないと思います。

大竹　いきなり「いじめのない社会」であるべきだ、とスローガンを立てるのとは、真逆ですね。

松本和尚　いじめのない社会を目指さなければならないのは当然です。しかし、いじめのない社会であるべきだ、と決めつけていると、いざ、いじめられている子供にとっては相当にキツい。

大竹　いじめられている子からすれば、自分はマイノリティな存在になってしまいますよね。

松本和尚　そのような決めつけがあるからこそ、恨みにも思う。なんで僕だけがいじめられるんだ、と。

大竹　いじめゼロを目指す心と、いじめのない社会であるべきだ、と決めつけている心は、同じようにいじめを否定しているようで、どうやら大きく違うようです。

松本和尚 いじめゼロを目指す心は、主体的な活動姿勢が感じられます。一方で、いじめのない社会であるべきだ、と決めつけている心は、自分はなにもしなくても社会がいずれ、いじめ問題を解決してくれるはずだ、と傍観者の視点なのです。

大竹 いじめられることもある、そのようなしなやかな心は恨みを生まない。

松本和尚 将棋の一手というのも、何百手とある中の一手です。勝敗を決める一手もあるのですが、それぞれの一手があらかじめ決まっているわけではない。いじめについても同じでしょう。ただただきれいな世界があって、いじめなんて決してない生活を送れるはずだ、と想定していると、想定とは違う現実に直面したときに恨みが発生します。そうなると、いじめてきた相手をぜったい許せないでしょうね。何年経っても、仕返しすることを考えたり。

大竹 いじめられるかもしれない、ということも想定の一つであれば、恨みが生まれることもなくなる。これを押し広げていくと、裏切られることもあるかもしれない、だまされることもあるかもしれない……にも同じことが言えそうです。

松本和尚 そういうこともあるんだ、とね。

「恨み続ける」、そんな夢

大竹　僕たちは、「こうあるはずだ」とか「こうあるべきだ」と決めつけちですが、そんな心に恨みは忍び込む。では、いったん発生してしまった恨みはどうすればいいのでしょう。恨みがクールダウンしないといいますか……なぜ、ずっと恨みが続いてしまうのでしょう。

松本和尚　それが現実だと思い込んでいるからです。

大竹　どういうことでしょう。

松本和尚　仕返ししてやろう、という恨みの世界が現実になってしまっている。それはもちろん、真の現実ではありません。

大竹　恨みの世界が現実になっているとは。

松本和尚　禅では、今がすべてなんです。過去は過ぎたこと、未来はまだ来ていないこと。今に集中しなければいけないのですが、恨み続ける人たちは、過去に起こったことが、現実になってしまっている。

大竹　起こったことは、すでに過去である。

松本和尚　そして、仕返しをしてやるというのは、未来のことですよね。過去に囚われて、未来に固執しているわけです。過去のこと、未来のことを、今のことにして処理しようとしている。

「いずれの時か夢のうちにあらざる、いずれの人か骸骨にあらざるべし」、一休さんはこんな歌を詠んでいます。

大竹　「いずれの時か夢のうちにあらざる」とはどんな意味でしょう。

松本和尚　みんな、いつも夢の中にいる人ばかりだ、と見抜いているんです。

大竹　そして、「いずれの人か骸骨にあらざるべし」と。

松本和尚　けっきょく、誰もがいつか骸骨になるんだよ、とね。誰もが、過去と未来という型に囚われて、夢の中で暮らしている。夢というふわふわした非現実の中で。でも、それらを割り切って現実に生きなければならない。ふわふわしながら生きていたって、いずれ誰もが骸骨になる、という厳然たる事実を、一休さんは私たちに突きつけている。

大竹　「いずれの時か夢にあらざる」の夢とは、自分が勝手に作り上げた非現実の世界ということですか。

松本和尚　そうです。現実は現実でしかないのに、それを認めようとせずに、夢の中に自分を縛り付けている。恨み続けるということも、結局は自分が作り出した夢にすぎない。でも、恨もうが恨まなかろうが、誰もが結局は骸骨になる。自分を縛り付けてしまった過去のその人も、そして自分も、いずれは骸骨になる。結局は、「いずれの時か夢のうちにあらざる」です。

大竹　そういえば、河合隼雄先生が、『明恵《みょうえ》　夢を生きる』で「夢」についてお話しされていました。

松本和尚　明恵上人の遺訓が紹介されていました。「『あるべきやうわ』の七文字をたもつべきなり」ですね。明恵上人もまた、「あるべき」という考え方を戒めています。さらに、「あるがまま」にも注意せよ、と言っていますね。なんでも受け入れようとする「あるがまま」でもなく、教条主義的な「こうあるべき」でもなく、状況や現実に合わせて、「あるべきやうは何か?」と己に問いかけながら、自分が出した答えを生きていこうと。

大竹　それが「いずれの時か夢のうちにあらざる」という現実を生きる秘訣ですか。

松本和尚 夢即現実の教えです。修行を積めば、夢即現実に生きられます。そんな現実を背負って、堂々と生き切ること。禅ではそれを、「活発発地《かっぱつはっち》」と表現します。恨み続けることは活発と真逆です。心が停滞してしまっています。

大竹 しかし、僕たち凡人は、そう簡単に夢即現実に生きられない。だったらまず、「僕たちの恨みというのも夢なんだぞ。それに気づこうよ」って一休さんは現実を突きつけて、覚醒を促している。建長寺の御朱印帳の劈頭に「夢」と書かれていますが、これもまた奥深いメッセージのようです。単に、「希望」「ドリーム」っていう意味合いの夢ではなく。これまた、「なにか気づきませんか?」なんて奥ゆかしい叱咤が込められているのかな。

松本和尚 その点、禅は優しい説明がなく、一見、不親切ですからね。現実をとことん、突きつけていくだけです。答えを教えてくれません。一休さんも、「あなたには非現実を突き抜けられる力があるんだよ」と促すだけで、そのやり方を教えてくれません。ですから、御朱印帳の「夢」の立派な文字をありがたがっていてはいけない。

大竹 夢は一種の麻薬みたいなものですから。「夢」に囚われるといけない。そんな束縛から解かれなさい、ということですね。

松本和尚　仰る通りです。

恨みのメカニズム

松本和尚　『楞《りょう》伽《が》経《きょう》』に、束縛の原因は対象ではない、と書いてあります。束縛の原因は、対象に対する自分の束縛だ、と言い切っています。

大竹　もう少し噛み砕いてください。

松本和尚　対象が自分を束縛して何かをさせてくるのではなく、対象を自分が束縛していることがすなわち、束縛されることだ、という意味です。

大竹　恨みに置き換えると、どうなりますか。

松本和尚　恨んでいるということを対象に縛り付けている。ありもしない恨みの対象を自分自身で作り出しては、恨みのもとを作っているんですね。つまり、誰それという原因があるから、恨みが生まれるのではない。恨みの対象に自分を縛り付ける。そして、膨大なエネルギーを消費しながら自分をそこに縛り続けることで、恨み続けようとしているわけです。

大竹　恨みのメカニズムですね。

松本和尚　その束縛を緩やかにしていけば、恨みを諦められます。相手に対し自分自身を縛り付けている、あの人に仕返ししてやろうという束縛が緩やかになっていけば、恨みのレベルが下がっていき、やがて恨みを諦められる。

大竹　恨みのメカニズムからわかることは、頭のいい人ほどこのワナに陥りやすいという傾向ではないでしょうか。僕の知り合いで、非常に優秀な東大出身の女性が、どうやら母親を恨んでいるようなんです。バリバリのキャリア官僚で、端から見れば羨ましがられる経歴です。もう四十歳を超えているんですが、どうやら、自分の人生は全て母親の期待に応えていただけで、東大も官僚も自分の選択ではなかった、と。こんな仕事、全然、やりたくなかった、と母親を恨むこと甚だしい。自殺未遂までしてしまう。彼女以外にも、いわゆるエリートと言われる人たちで、同じような人を何人か知っています。

松本和尚　期待通りに生きていく、ということは、「こうあるべき」に合わせてきたということですね。そして、このあるべき姿がなにかのきっかけで大否定されてしまった。

そのとき、勝手な因果を作り出して、その原因を母親に求める。母親にそうさせられたんだ、という思い、恨みは、まさに、対象に対する自分の束縛です。

大竹 頭がいいだけに理路整然と構築する。だから、執着してしまう。

松本和尚 このまま、母親が亡くなってしまったらどうするんでしょう。それこそ、母親も自分も「恨めしや……」になってしまいます。

大竹 今を生きる、ということは大切ですね。

松本和尚 頭のいい人は、自分以外のものに原因を作り出します。比較的、容易に。でも、東大に入ったのも、官僚になったのも、結果を出したのは自分ですよね。だって、自分以外の人が東大に入ったわけでもないですし、自分以外の人が勉強してくれたわけでもない。原因は、すべて自分に行き着きます。

大竹 『楞伽経』に書かれている、恨みのメカニズムは、他の負の感情にも適応できますか。

松本和尚 できます。それでも、恨みはやはり別格のものでしょう。法句経でも恨みが取り上げられています。第五番に、「うらみなさによりてのみ、うらみはついに消ゆるべし」とあります。この、「うらみなさ」というのは、まさに「束縛のない心」を意味します。

大竹　ということは、恨みは他の負の感情よりも、いっそうはっきりと、束縛のメカニズムが現れるということでしょうか。

松本和尚　百人一首にある相模の句がそれをよく表しています。「恨みわび　ほさぬ袖だにあるものを　恋に朽ちなむ　名こそ惜しけれ」。つれなくした相手を恨むことで、自分の名声や立場まで侵害されそうな不安につながる。一度恨みが始まれば、恨みはどんどん広がっていきます。しかし、こちらが恨もう、と思わなければ、恨みも消えていく。一休さんが仰るように、「いずれの時か夢にあらざる」がすとん、と腑に落ちればいいんです。

こちらが束縛するからこそ、束縛される。このメカニズムは、嫉妬や怒りよりも、恨みのほうがわかりやすいでしょう。恨みは、つまるところ、自分が恨もうと思わなければならないところに意味がある。相模の句にあるように、恨み続ける人は、おびただしいエネルギーを消費しながら、恨みの対象に必死にしがみついている。しかし、私たちの恨みは、思いがけず、年をとった時に露呈してしまうことがあります。

大竹　どういうことでしょう。

松本和尚　記憶力が衰えてきて、恨み節が多くなった。そんな人、身近にいらっしゃいませんか。

大竹　思い当たります。どちらかというと、学級委員長的で模範的な人生を送ってきた親戚なんですが。

松本和尚　私の祖母は、ボケても恨み事を口にすることはありませんでした。その代わり、何度も口にしている食べ物を、「こんないいもの、初めて食べたよ」なんて言っていましたね。

大竹　それはまた、かわいらしい。

松本和尚　そうでしょう。一方、私たちは気づかないままに恨みを隠していることもあるようです。老いと共にそれが溢れ始める。そうなってくると哀れです。

大竹　恨みは古来からずっと、僕たちを悩ましてきたようですね。

松本和尚　情けないことですが。法句経では、早くも第三番に恨みが登場します。「こころ執する人々に、うらみはついに、やむことなし」。執する、ということがやはりポイントです。

大竹　最近は、「ありのまま」な自分に執している人たちも目にします。ありのままの自分を求める、そんなブームと言いましょうか。それも執着なんですね。自分ってヤツは、なかなかの曲者です。

松本和尚　「あるべきやう」は、いかようにでも変わっていきます。自分もいかようにでも変わっていく。どちらかというと愚直であるほうがこころの余裕が出てくるようです。頭のいい人は「こうあるべき自分」にこだわってしまう。「こうあるべき自分」を決めつけてしまうのです。

恨みは晴らせるのか？

大竹　しかも、頭のいい人ほど、勝手な因果関係を作り上げて、非現実に囚われてしまいやすい。これはもはや、ワナと言えます。幽霊も「恨めしや……」と言います。生きている間に晴れなかった恨みが怨念となって実体化すると幽霊になる。幽霊はまったく今に生きていません。過去に囚われ、未来に怯えています。そして、幽霊には足がない。つまり、ふわふわと非現実に浮くことしかできません。彼らはなぜそんな姿になってしまったのでしょうか。恨みというのは、晴らそうにも晴らせないものなのでしょうか。

松本和尚　諦めるしかありません。

大竹　断念するということでしょうか。

松本和尚　というより、明らかにするから諦められるということです。ストン、と諦める。

大竹　あきらめる、ということは、腑に落ちる、ということですか。

松本和尚　そうですね。恨みを晴らそう、という心には恨みがいつまでも残り続けます。

大竹　恨みは連鎖していきます。仕返しをしたら、今度は恨まれることになり、仕返しの対象となってしまう。さらに今度は……と。それでは夢の中で夢を見るようなもので、決して夢からは出られそうにもありません。

松本和尚　恨みを諦めることと、恨みを晴らすことは、これまた同じように見えてまったく違うことです。

大竹　どのように違うのでしょうか。

松本和尚　恨みを諦めるには、徐々に恨みのレベルを下げていかなければなりません。根気のいる作業です。いっぽうで、恨みを晴らすのは、恨みをパッと切り捨てようとすることです。ですが、切り捨てているようで、それは恨みのディテールだけ。一瞬、晴れたように感じるだけです。

大竹　一点だけ晴れているようで、実は恨みはなくなっていない。

松本和尚　それが幽霊ですね。

大竹　晴れたかと思っても、また曇りになり雨になり、恨みが残っていることに気づかされる。

松本和尚　そうなんです。恨みは晴れていない。むしろ、恨みを晴らそうなんて考えてはダメですね。恨みを晴らすためには、恨み続けなければならない。そんなことしてたら、恨みのレベルはどんどん上がっていきます。そうではなく、レベルを下げていかなければいけない。

大竹　晴らそう、という志向より、レベルを下げていく。

松本和尚　恨みを晴らそうとすることは、自分自身も切り捨てていくことになります。恨みのメカニズムで明らかになったように、恨みの先には自分が繋がれている。誰かを恨んでいるとき、じつは自分すらも恨んでいるのです。

大竹　恨みを晴らすために何かしても、けっきょく自分を傷つけて切り捨てていくことになる……、ではどうすれば。

松本和尚　恨みの対象まで自分の中に取り入れてしまえばいい。そうしてはじめて、現実を生きられるようになります。

塙保己一のエピソードを紹介しましょう。江戸時代の有名な和学者です。検校である彼は目が不自由だった。ある日、街を歩いていたら高下駄の鼻緒が切れてしまった。日頃から付き合いのあったなじみのお店が近かったので、鼻緒のひもをくれないか、と店の者にお願いしたところ、投げてよこしてきた。塙先生は、目が見えないので手探りをする。店先のみんなが笑い出す。先生は、恥ずかしい思いをしながらも、なんとかひもを探し出して鼻緒をつけて帰った。その後、『群書類従』という本を出すときに、版元を決めることになった。その版元に、先生は例のお店を指名したんですね。店の者の無礼を聞かされていなかった亭主は、「なぜ、うちで」と先生に聞くわけです。先の出来事の一部始終を亭主に伝え、「確かに恥ずかしい思いをしましたが、だからこそいっそう、一所懸命、頑張りました」と塙先生は答えられた。

大竹　塙保己一先生は、恨みの対象を自分の中に取り入れたのですね。

松本和尚　恨みの対象は、自分の外にあるんじゃない。自分を縛り付けているのですから、自分の中にある。だから取り入れるしかない。

大竹　外にあるのではなく、中にある。これがポイントですね。

松本和尚　ところで、大竹さんはブロック遊びってやったことありますか。

大竹　たぶん幼いころに。

松本和尚　お城を作るセットの中に、変な形のブロックが必ずあるんです。どこでこんなの使うんだろう、と思ってしまうようなブロック。でも、このかっこ悪いブロックがないとお城はできない。だから、こんなかっこ悪いブロックを捨ててはいけない。使わないといけない。かっこ悪いブロック、それが恨んでいる自分です。どれほどかっこ悪く見えても、そんな自分でも活かさなければいけない。それが恨みを取り入れていくということです。

大竹　塙先生は、丁稚たちを恨むことにエネルギーを費やしたのではなく、同じエネルギーを自分の研究に使ったわけですね。

松本和尚　恨みのエネルギーを、自分の積極的な活動へ転回できたんでしょうね。

恨みをプラスのエネルギーに昇華する

大竹　塙先生は、恨み心は生まれなかったのでしょうか。

松本和尚　いえ、彼はそのときすでに、変な形のブロックも使わなければならないことが分かっていたんでしょう。ブロック遊びをしながら、ブロックを踏んでしまったら、どうなりますか。

大竹　「イテッ」となります。

松本和尚　そうそう。で、その後、その痛みの原因となったブロックを叩き壊してしまったら、もうお城は作れません。そうなってしまうと、いつまでも恨み続けることになります。ブロックをも恨んで、叩き壊した自分も恨んで。

大竹　お城はもう完成しない。なんであのとき、あんなところにブロックが落ちていたんだ。なんで、あんなトゲトゲの変な形をしていたんだ、と恨み続ける。

松本和尚　もはやこれは、取り憑かれている状態です。またまた幽霊ですよね。繰り返しになりますが、完成しないのは、不遇なのは、認められないのは、アイツのせいだ。

あのとき、あれができなかったからだ……と恨み続けることは、非現実でふわふわしている。浮き足立っている。

大竹　まさに幽霊です。

松本和尚　ブロックを踏んだ、そして痛かった。それでいい。ブロックのせいにしても、その現実は好転しません。痛かった、という事実をすっと受け入れる、それだけでいい。なんで、なんで、と考え始めたときすでに、恨みは生まれています。恥かいた、それだけでいいと思うことです。

大竹　まさに、塙保己一先生がそうですね。

松本和尚　だって、私たちはブロックを踏んじゃうことがありますよ。ブロックを踏まないようにすることも大事ですけど、それでもやっぱり踏んじゃう。予想もしないところで。大切なのは、踏んじゃった後ですね。踏んじゃったことをブロックのせいにしていたら、マイナスのエネルギーに取り憑かれます。踏んだ事実をそのまま受け入れれば、プラスのエネルギーになります。相手に仕返しをしてやろう、という恨み心はエネルギーを消費する一方です。

恨みのレベルを下げるための実践項目

松本和尚　同じエネルギーを使うなら、プラスへ向けましょう。恨むことで過去を清算し、未来を変えようとしても、自分の生活のレベルはどんどん下がっていきます。そして、恨みは新たな恨みを生み続けます。そうならないうちに、恨みを手放したほうがいい。それが仏教の智慧。

大竹　恨みを手放す、恨みを諦める、ということは。

松本和尚　忘れるということですね。

大竹　どのように忘れていけばいいのでしょうか。忘れるためのトレーニングはあるのでしょうか。

松本和尚　忘れるトレーニングは、日々行っています。特に修行中には。たとえば、坐禅することも、です。坐禅に集中することで、変化していく状況に身を任せていく。

大竹　状況は変わっていく。それが「今」ということですか？

松本和尚　「あるべきやうは」です。「ありのままに」とか「あるべきに」と考え始めると、今という状況から身が離れて行ってしまいます。坐禅は「忘れる」ためのオススメ・メニューです。

大竹　坐禅をして、身体と状況を合わせられるようにする。

松本和尚　私たちは作務も重視します。境内をほうきで掃きますが、集中していないと必ず取り残しができてしまいます。もし取り残しなんかがあったら、またやり直しになります。だから、掃くことに集中する。

大竹　なにかに集中して身体を動かしていると、失敗したこととか、悔しかったことを考えながらやれないですからね。いっぽう、「ながら」で行動しているとうっかりミスばかり。

松本和尚　坐禅なら呼吸に集中し、作務なら作務の内容に集中することです。どちらからというと、身体を動かすほうをお勧めします。白隠禅師のことばに「動中の工夫、静中に勝ること百千億倍す」がありますね。坐禅は大切な修行項目ですが、白隠禅師はそれよりも、作務や托鉢、あるいは一般的な日常生活の中での修行のほうが大切だ、と仰っています。

大竹　和尚たちは托鉢もされますね。

松本和尚　わらじを履いて、傘で周りを見ないようにしながら歩きます。つまり、私たちは足元しか見えていない。

大竹　まさに、足元に気をつける、ですね。周りを見なくても大丈夫なんですか？

松本和尚　大丈夫です。前の人が歩いているのを見ています。

大竹　前から突然、牛が来たりしたら。

松本和尚　ぶつかりますね。電柱にも、いきなりゴーンとぶつかっていきます。でも、周りの状況を見えないようにし、足元に気をつけることで、頭の動きと身体の動きが一致します。そうなると、余計なことは考えなくなる。このようなことが、忘れるトレーニングになります。

大竹　雲水さんたちの修行内容は、僕たちの日常にも応用できそうです。

松本和尚　単純作業をお勧めします。頭を使わない単純作業。たとえば、洗い物をする。片付けをする。ただ黙々とこなしていく。

大竹　僕の知り合いに、餃子百個、全部手作りする女性がいます。どうやら、週間のルーティーンにしているようです。

松本和尚　餃子作りに集中することで、生きている感覚を得ているんでしょう。恨みがあれば、一つ一つレベルが下がっていっているはずですね。

大竹 やはり、身体を動かすことが秘訣のようです。いまや、身体を使う、となるとわざわざ身体を使うシーンを演出しなければならなくなりました。現代はなかなか生き辛い時代のようです。頭脳ばかりもてはやされているような気がします。

松本和尚 身体には限界があります。身体が動く範囲は限られていますし、いきなり時間を飛び越えられません。制約された中に身体はあるわけですが、頭脳はどこまでも行ってしまいます。

大竹 このようにレベルを下げていくことで、恨みを忘れてしまい、最終的にどうなるんでしょう。

松本和尚 恨みが恨みでなくなります。今を楽しめるようになる。恨んでいたことなんて、もう、どうでもいいって思えるようになる。悪いことも良いことも、すべてひっくるめて、これでいいじゃん、と感じられるようになる。

大竹 どうでもいいや、と思えるようになるのは、禅の勘所のように思います。

松本和尚 そうです、放下著《ほうげじゃく》です。ここで、ああ、よかったね。と満足することです。禅の名僧たちは、どんな状況でも楽しんでいました。

仙厓和尚の句にこんなのがあります。「うらめしや　わがかくれ家は雪隠か　来る人ごとに　紙おいていく」。博多聖福寺の仙厓さんは、文字が読めない人や子供たちに絵を使って布教していました。だから、タダで絵を書きます。しかも味わい深い絵です。そんなわけで、大人も子供も、猫も杓子も、絵を描いてくれと、だれもかれもがお寺に紙を持ってくる。それで、「うらめしや」の句につながります。

大竹　うらめしや、と言いながら、笑っている仙厓さんが思い浮かびます。

松本和尚　うらめしや、と言いながら、お寺をトイレにたとえてしまう。仙厓さんは、恨みをまったく恨みとしていないですね。この状況を楽しんでいることがよくわかります。

あとがき

横須賀線北鎌倉駅を降り、鶴岡八幡宮のほうへ向かってぶらぶらと、途中で鎌倉学園（いまでこそ神奈川県内有数の進学校だが、もともとは建長寺が宗派の師弟教育のために設立した）の学生さんたちとすれ違いながら、十数分で到達するのは建長寺です。

鎌倉五山の第一刹、開基は鎌倉幕府第五代執権北条時頼、開山は蘭渓道隆です。

「お寺の敷居って高いんだよね」、多くの方がそう感じておられるでしょうし、私もその一人でした。参拝しても住職と話せる確率は、ほぼゼロ。僧侶と会えるのは葬儀の時くらいしかないのに、お布施を渡したらさっさと帰られてしまう……確かにこれではまじめな人たちの足はどんどん遠のくいっぽうでしょう。

そんな中、建長寺では様々な法話イベントが開かれています。

年二回の法話大会スペシャル、毎週土曜日の三門土曜法話、各地の建長寺派寺院での法話会。その中でも必聴なのは、毎土曜日の十一時と十三時に三門下で行われる法話です。これは和尚たちにとってなかなかスリリングだそうで、建長寺に訪れる人びとの大半ともいえる観光客の足を止めさせ、三十分耳を傾けさせなくてはならない。考えるだけでも至難の技です。

けれども、この『めんどうな心が楽になる』をみなさんに届けることができたのは、そのような、私たちにとっては愉しい（和尚たちにとっては修行の？）機会があったればこそ。ルーキーからベテランまで多くの和尚の話を聞けるのは建長寺派ならではで、この風土は有難いことです。

永井和尚、笠和尚は建長寺布教師の重鎮でいらっしゃいます。松本和尚、小澤和尚は、若手布教師のリーダー的存在と言えましょう（僧侶の世界では、四十代も若手です）。そして川野和尚。数々のメディアを通しご存知の方もいらっしゃると思いますが、いまや建長寺のエースで四番です。

もちろん、みなさんに紹介したい活眼の建長寺派和尚はまだまだいらっしゃいますが、和尚内からの推薦も受けて、今回は五名に登壇をお願いしました。

ところでみなさん、和尚と呼ばれる人たちは、恨むことなどはもちろん、怒ることにもまったく無縁、もはや寸毫の迷いもない「超人」だと思っていませんでしたか？　私はその思いに疑いはありませんでした。なぜなら、三毒（貪り、怒り、嫉妬）は克服されなければならない、とどの仏教書にも書いてありますし、ということは、和尚たちはそれらをすでに超越した人たちであると……。

いやいや、和尚たちも私たちと同じ「人」だったのです。ただ「いなし方」が違うんですね。たとえば「超人」が私たち凡人に説法するのと、「人」がするのとではその効果は大いに違ってくるかもしれません。ただ、超人からの説法は仏教ファンを作るかもしれませんが、ファン以外はもっと疎遠になってしまうのではないでしょうか。

はたして、私たち「人」は心のアップダウンを「なくす」ことができるのか？　なにごとにも動じない常に凪の心……これで心と言えるのか？　なんか違うよな。「なくす」のではなく、なにか別の鍵があるんじゃないか？

そんなもやもやの中で選び出したテーマが、今回の五つでした。「ストレス」で私の靄は晴れました。

繰り返しますが、「なくす」のではなく「いなす」ということ。

私事で恐縮ですが、私が「禅」を再認識したのは、日本人であることを忘れかけるほどフランス思想に耽溺していた時でした。もしかしたら、いまやフランス人の方がＺＥＮを求めているのかもしれません。それもまた善哉。

彼らはキリスト教徒のまま、あるいは無宗教のまま禅を学ぼうとしています。つまり、「禅」は禅でありＺＥＮでもあります。もちろん宗教なのですが、ＺＥＮは宗派を超えた教え、換言すれば、「生きる理《ことわり》」なのでしょう。

さいわいにも、愉快な禅僧は、日本各地に沢山おられます。京都、東京、伊豆……。次回作の企画も、すでに牧野出版さんと進んでいます。お届け先は「仏教ファン」ではありません。怒りたくなくても腹が立っちゃう方、ついつい隣の芝生が青く見える方、ちょいとダメな自分に直面してしまっている私たちです。ぜひとも、ご期待ください。

思想家・文筆家　大竹稽

永井宗直（ながい・そうちょく）
臨済宗建長寺派満願寺住職。1963 年横須賀市生まれ。花園大学卒。天龍寺専門道場にて修行。元建長寺派教学部長、臨済宗連合各派布教団布教師。建長寺派布教師会副会長。朝日カルチャーセンター講師。茶道裏千家淡交会横須賀支部長。著書に『禅の坊さんもぼやく。そして学ぶ。』（角川書店）『無心のすすめ』（集英社）・『禅、ていねいな生き方』（三笠書房）などがある。

笠龍桂（かさ・りょうけい）
臨済宗建長寺派東学寺住職。1960 年滋賀県生まれ。花園大学仏教学科卒。16 歳で出家。滋賀・瓦屋寺、京都・法輪寺、神戸・祥龍寺にて小僧修行。埼玉・平林僧堂にて雲水修行。臨済宗連合各派布教師。臨済宗建長寺派布教師会副会長。小田原市川東仏教会副会長。

小澤大吾（おざわ・だいご）
臨済宗建長寺派東光禅寺副住職。1977 年横浜市生まれ。立命館大学卒。英国キャンプヒル福祉コミュニティー・ケアワーカー。オランダ国立社会科学大学院大学・開発学修士課程修了。民間企業にて、開発途上国における政府開発援助の広報・調査業務等に従事。建仁寺僧堂、建長寺僧堂にて修行。建長寺派布教師補。神奈川県仏教青年会広報局長。全日本仏教青年会出向理事。

川野泰周（かわの・たいしゅう）
臨済宗建長寺派林香寺住職。1980 年横浜市生まれ。2004 年慶應義塾大学医学部卒業。住職の執務の傍ら、RESM 新横浜睡眠・呼吸メディカルケアクリニック副院長として精神科診療を担う。従来の治療法に加え、マインドフルネスや禅を取り入れた治療を積極的に導入。著書に『「あるある」で学ぶ余裕がないときの心の整え方』（インプレス）ほか。共著・監修多数。

松本隆行（まつもと・りゅうこう）
臨済宗建長寺派能満寺住職。1972 年神奈川県生まれ。東京理科大学理学部数学科卒業。建長寺僧堂で修行。県内の学校で数学講師をつとめる。東日本大震災後、僧侶ボランティア・スジャータプロジェクトを立ち上げ、復興支援を続けている。2013 年、第 37 回正力松太郎賞特別賞・震災支援功労賞受賞。

大竹稽（おおたけ・けい）
思想家・文筆家。1970 年愛知県生まれ。旭丘高校から東京大学理科三類に入学するも、医学に疑問を感じ退学し、私塾を始める。その後、東大大学院に再入学し、フランス思想を研究した。現在は私塾を中心に、「共生」と「死」に取り組んでいる。

めんどうな心《こころ》が楽《らく》になる

2018 年 2 月 3 日　初版発行

著　者　永井宗直・笠龍桂・小澤大吾・
　　　　川野泰周・松本隆行・大竹稽
発行人　佐久間憲一
発行所　株式会社牧野出版
　〒 135 − 0053
　東京都江東区辰巳 1-4-11　ST ビル辰巳別館 5F
　電話 03-6457-0801
　ファックス（注文）03-3272-5188
　http://www.makinopb.com
印刷・製本　中央精版印刷株式会社

内容に関するお問い合わせ、ご感想は下記のアドレスにお送りください。
dokusha@makinopb.com
乱丁・落丁本は、ご面倒ですが小社宛にお送りください。
送料小社負担でお取り替えいたします。
ISBN978-4-89500-220-2